刘立振 编著

跟随唐宋八大家

学文论史

民主与建设出版社

·北京·

© 民主与建设出版社，2024

图书在版编目（CIP）数据

跟随唐宋八大家学文论史 / 刘立振编著 . -- 北京：
民主与建设出版社 , 2024. 8. -- ISBN 978-7-5139-4729-
9

Ⅰ. G634

中国国家版本馆 CIP 数据核字第 20240F1L59 号

跟随唐宋八大家学文论史
GENSUI TANGSONG BADAJIA XUEWEN LUNSHI

编　　著	刘立振	
责任编辑	廖晓莹	
封面设计	寒　露	
出版发行	民主与建设出版社有限责任公司	
电　　话	（010）59417749　59419778	
社　　址	北京市朝阳区宏泰东街远洋万和南区伍号公馆 4 层	
邮　　编	100102	
印　　刷	定州启航印刷有限公司	
版　　次	2024 年 8 月第 1 版	
印　　次	2025 年 3 月第 1 次印刷	
开　　本	710 毫米 ×1000 毫米　　1/16	
印　　张	15.5	
字　　数	210 千字	
书　　号	ISBN 978-7-5139-4729-9	
定　　价	98.00 元	

注：如有印、装质量问题，请与出版社联系。

前言

　　这本书是为初中程度的学生编写的，是一本在小学文言文学习基础上的进阶书，可以作为中学生课外阅读和拓展古代文史知识的参考读物。

　　文史自古一家，"史"是"文"说理的基础，"文"是"史"内涵的延伸，文史结合兼顾说理性和故事性。本书所选之"文"均出自学生熟悉的唐宋八大家，作者在每一篇"文"的后面附上了相对应的"史"，而所选之"史"的内容均出自《左传》《史记》《汉书》《后汉书》《晋书》《宋史》，其中以《史记》最多。在编写体例上，对于"文"的分析，包括题解、字词句注释、段落讲疏和参考译文四个部分；对于"史"的解析则包括字词句注释和参考译文两部分，有所侧重，更有所兼顾。

　　作者在编写本书的过程中，充分利用了古今字书、辞书，尽量避免出现字词注释不准确的情况。例如，《墨池记》中"羲之尝慕张芝"中的"慕"，大多已出版书籍翻译成了"羡慕"，作者认为根据上下文和字源，翻译为"仿效"比较合适。本书对于文中所出现的典故，如职官、典章制度、地理沿革等古代文化常识，都做了较为详细的解释。例如，《曾巩传》对"知齐州"中"知"的解释，以及《论项羽范增》中对"卒伍"的解释等。

　　本书在传授古代文史知识的同时，还注重对学生中华优秀传统道德观的培育和引领，以立德树人为目的，在每篇的关键字词句注释和每段的讲疏中均予以特别的关注。本书之"文"的选取和编排是以"义"始，以"学"终，中间贯穿"道"与"政"、"忠"与"遇"、"圣"与"时"、"识"与"术"、"识"与"势"、"势"与"才"，注重价值引导和德育渗透，旨在让读者在学习知识的同时体会中华优秀传统道德的魅力。

刘立振

2024 年 3 月

目录

义为始：韩愈评价历史先贤

伯夷颂 / 3

　　文史共读：《史记·伯夷叔齐列传》节选 / 9

子产不毁乡校颂 / 12

　　文史共读之一：《左传·襄公三十一年·子产不毁乡校》 / 16

　　文史共读之二：《论语·公冶长》 / 18

祭田横墓文（并序） / 20

　　文史共读：《史记·田儋列传》节选 / 24

道与政：柳宗元论辩政治得失

桐叶封弟辨 / 31

　　文史共读：《史记·晋世家》节选 / 37

晋文公问守原议 / 39

　　文史共读：《左传·僖公二十五年·晋文公伐原示信》 / 46

忠与遇：文史并重的双料高手欧阳修

贾谊不至公卿论 / 51

　　文史共读之一：《史记·屈原贾生列传》节选 / 61

文史共读之二:《汉书·贾谊传》节选 / 67

新五代史·周臣传(节选) / 69

文史共读:《新五代史·周臣传》节选 / 74

圣与时:王安石的圣人标准

夫子贤于尧舜 / 79

文史共读:《史记·孔子世家》节选 / 86

识与术:苏洵论明君能臣

管仲论 / 91

文史共读:《史记·管晏列传》节选 / 101

高祖 / 103

文史共读之一:《史记·高祖本纪》节选 / 112

文史共读之二:《史记·绛侯周勃世家》节选 / 114

识与势:苏轼的读书得间

论周东迁 / 117

文史共读:《史记·周本纪》节选 / 128

论项羽范增 / 131

文史共读:《史记·项羽本纪》节选 / 139

留侯论 / 143

文史共读:《史记·留侯世家》节选 / 152

晁错论 / 157

文史共读:《史记·袁盎晁错列传》节选 / 165

势与才：苏辙的以古鉴今

六国论 / 173

　文史共读：《史记·秦始皇本纪》节选 / 181

汉光武 / 192

　文史共读：《后汉书·光武帝纪》节选 / 203

学为基：曾巩论奋志自励

墨池记 / 209

　文史共读：《晋书·王羲之传》节选 / 215

学舍记 / 218

　文史共读：《宋史·曾巩传》 / 227

参考文献

义为始：韩愈评价历史先贤

伯夷颂

唐·韩愈

题解：

伯夷、叔齐是商末孤竹国国君的两个儿子，因不肯继承君位而逃到了周。周武王伐纣时，伯夷、叔齐曾劝谏。武王克殷后，天下宗周，伯夷、叔齐不食周朝的俸禄，隐居在首阳山，采薇而食，后来饿死。

《史记·列传》的首篇就是《伯夷列传》，司马迁把《伯夷列传》放在列传之首，大有深意，这是在赞颂一种人格。

韩愈的文章重情重义，这篇《伯夷颂》也是有感而发，他高度赞扬伯夷"特立独行，穷天地亘万世而不顾"的精神，强调人自身的品格素养，借以反映他自己也是"举世非之而不惑"的特立独行之士，故托伯夷以抒其愤。曾国藩在《求阙斋读书录》中指出："举世非之而不惑，此乃退之平生制行作文之宗旨。此自况之文也。"

士之特立独行，适于义而已，不顾人之是非，皆豪杰之士，信道笃而自知明者也。

一家非之，力行而不惑者，寡矣；至于一国一州非之，力行而不惑者，盖天下一人而已矣；若至于举世非之，力行而不惑者，则千百年乃一人而已耳。若伯夷者，穷天地亘万世而不顾者也。昭乎日月不足为明，崒乎泰山不足为高，巍乎天地不足为容也。

当殷之亡，周之兴，微子贤也，抱祭器而去之；武王、周公圣也，从天下之贤士，与天下之诸侯而往攻之，未尝闻有非之者也。彼伯夷、叔齐者，乃独以为不可。殷既灭矣，天下宗周。彼二子乃独耻食其粟，饿死而不顾。繇是而言，夫岂有求而为哉？信道笃而自知明也。

今世之所谓士者，一凡人誉之，则自以为有余；一凡人沮之，则自以为不足。彼独非圣人而自是如此。夫圣人，乃万世之标准也。余故曰：若伯夷者，特立独行，穷天地亘万世而不顾者也。

虽然，微二子，乱臣贼子接迹于后世矣。

注释与讲疏：

士之特立独行 [1]，适于义 [2] 而已，不顾人之是非 [3]，皆豪杰之士，信道笃而自知明者 [4] 也。

注释：

[1] **特立独行**：指思想特立，行为独行。

[2] **适于义**：符合道义。适，适合，符合。义，这里指儒家所倡导的道义。

[3] **是非**：肯定或否定。

[4] **信道笃而自知明者**：坚定地信仰圣人之道，对自己了解深刻。笃，诚，深厚，坚定，忠实专一。自知明，自知之明，即对自己有充分的了解。

讲疏：

开篇提出了中心论点，道出了"士"的特点，即"特立独行""适于义""不顾人之是非""信道笃而自知明"。按照韩愈的要求，士人立身行事，不要人云亦云，要"适于义"，要有自己的价值判断标准，这是"士"对待事物的基本态度；"不顾人之是非"，不顾别人的评价与议论，是对外界反应采取独立的看法，这是"特立独行"的具体化；有坚定的信念又了解自己，是对自己内心的要求，也是"特立独行"的力量源泉。

能够保持特立独行的内在动力，这才是真正的"豪杰之士"。

一家非之，力行[1]而不惑者，寡[2]矣；至于一国一州非之，力行而不惑者，盖天下一人而已矣；若至于举世非之，力行而不惑者，则千百年乃一人而已耳。若伯夷者，穷天地亘万世而不顾[3]者也。昭乎日月不足为明，崒乎泰山不足为高，巍乎天地不足为容也[4]。

注释：

[1] **力行**：尽力而为。《礼记·中庸》："力行近乎仁。"

[2] **寡**：少。

[3] **穷天地亘万世而不顾**：穷尽于天地之间，横贯于古今万世而不顾忌。穷，穷尽。亘（gèn），横贯、贯通，时间或空间上的延续不断。不顾，不回头，不改变。

[4] **昭乎日月不足为明，崒乎泰山不足为高，巍乎天地不足为容也**：伯夷如此光辉，日月比起他来都不算光明；如此崇高，泰山比起他来都不算高大；如此巍峨，天地都不足以容纳他。昭，光明即阳光明亮。崒（zú），高耸、险峻。巍，高大，这里是宽广有容的意思。

讲疏：

本段开始用三个层层递进的排比句，由"一家非之"到"一国一州非之"，再到"举世非之"，指出要做到笃道、明知，首先要不怕"非"，不怕别人、众人乃至全世界的人的非难、指责。再用"若伯夷者，穷天地亘万世而不顾者也"，引出作者所要赞誉的人。然后作者又用了一组并列排比句，即"昭乎日月不足为明，崒乎泰山不足为高，巍乎天地不足为容也"，气势磅礴地从光明、高大、广阔三方面来颂扬伯夷，颂扬了伯夷比日月明，比泰山高，比天地大，凸显了伯夷的"穷天地亘万世而不顾"。

当殷[1]之亡，周之兴，微子[2]贤也，抱祭器[3]而去之；武王、周公圣[4]也，从[5]天下之贤士，与[6]天下之诸侯而往攻之，未尝闻有非之者也。彼伯夷、叔齐 [7] 者，乃独以为不可。殷既灭矣，天下宗周 [8]。彼二子乃独耻 [9] 食其粟，饿死而不顾。繇 [10] 是而言，夫岂有求而为哉？信道笃而自知明也。

注释：

[1] 殷：商王盘庚迁都殷，后来称商为"殷"。

[2] 微子：殷纣王庶兄，名启。多次劝谏纣王不听，就离开了他。周武王灭商后，他称臣于周。后被封于宋，是宋国的始祖。贤，德才兼备。

[3] 祭器：祭祀用的礼器，如樽、彝、笾、豆之类。古人重祭祀，故常把祭器作为传国重器。武王克殷后，微子抱祭器前去投靠。

[4] 圣：圣人，人格品德极高的人。

[5] 从：使跟从，带领，率领，使动用法。

[6] 与：同。

[7] 伯夷、叔齐：伯夷是商朝末年孤竹国国君的长子，叔齐为其弟。"伯、叔"是排行，"夷、齐"是谥号。孤竹君死后，两人互相谦让，不愿自立为君，最后共同出走。周武王讨伐残暴的纣王，他们认为是"以臣弑君"。武王灭商后，两人躲避到首阳山，不食周粟而死。

[8] 天下宗周：天下以周王室为宗主，即尊奉周的权威，承认周的统治权。

[9] 耻：以……为耻，意动用法。

[10] 繇：通"由"。

讲疏：

这一段通过三个关键词"贤""圣""义"将伯夷、叔齐同微子、周武王、周公进行比较。以微子之"贤"、武王周公之"圣"，来衬托伯夷、叔齐之"义"。与前文相比，这是深入价值观层面的比较。天下贤人、诸侯皆从武王、周公伐纣，而伯夷、叔齐却以为不可，这才真正显示出伯夷、叔齐的"不顾人之是非"和"信道笃而自知明"的豪杰性格和"适于义"的情怀。再次强调了二人的"信道笃而自知明"，这就是伯夷的精神所在，与前文论点呼应，点明了全文的主旨。

今世之所谓士者，一凡[1] 人誉之，则自以为有余；一凡人沮[2] 之，则自以为不足。彼独[3] 非圣人[4] 而自是[5] 如此。夫圣人，乃万世之标准[6] 也。余故曰：若伯夷者，特立独行，穷天地亘万世而不顾者也。

注释：

[1] **一凡**：大抵、大率。

[2] **沮**：诋毁，败坏。

[3] **独**：唯。

[4] **圣人**：指周武王、周公。

[5] **自是**：自以为是。

[6] **标准**：规范、楷模。标，高，突出。

讲疏：

本段也是比较，作者联系现实比较伯夷、叔齐和韩愈那个时代的"士"。"今世之所谓士者"与伯夷完全不同，有人赞美他，就以为自己了不起；诋毁他，就以为自己不行。而伯夷、叔齐与众不同，敢于"非圣人而自是"，韩愈认为这是最可贵之处；而"夫圣人，乃万世之标准"，也不会因为伯夷的反对，就丢掉了"圣"，表明作者对圣人的崇敬，可见作者并不否定武王伐纣之伟业。最后一句又回应了前文，再次强调了全文的主旨。

虽然，微二子[1]，乱臣贼子[2] 接迹于后世[3] 矣。

注释：

[1] **微二子**：没有伯夷、叔齐二人。微，无，没有，假如没有。

[2] **乱臣贼子**：不守臣道、心怀异志的叛逆者。

[3] **接迹于后世**：指在后世接连出现、相继而起。

讲疏：

最后一段再次申明伯夷、叔齐人格的影响力。"君子之泽，百世不斩。"韩愈之世，藩镇为患，这也是以称颂伯夷来激励士人处乱世而不乱，不仅要有"穷天地亘万世而不顾"的勇气，还要有"信道笃而自知明"的品格。

参考译文：

读书人的志节高尚独立于众人之外，绝不随波逐流，只要符合道义就罢了。不理会别人的赞同或批评的，都是豪杰之士，也是忠实相信自己的道义并且了解自己的人。

全家的人批评他，仍坚定执行而不迷惑的人很少。一国一州的人批评他时，仍坚定执行而不迷惑的，大概整个天下只有一人罢了。如果普天下的人都批评他，仍坚定执行而不迷惑的，则千百年来才只有一人罢了。像伯夷这样的人，是穷尽天地，经历万世也不回头的人。与他比较，即使光明的日月也不算亮，雄峻的泰山也不算高，宽广的天地也不算能包容。

当殷商要灭亡而周要兴盛时，微子这样德才兼备的贤人都抱着祭祀的器具离开殷商。武王、周公是圣人，率领天下的贤士和天下的诸侯一同前去进攻殷商，没有听说有因为这件事而批评他们的人。只有伯夷、叔齐二人却偏偏认为他们不该这样做。殷商灭亡后，天下承认周为宗主国，伯夷、叔齐二人却偏偏认为出仕吃周朝的俸禄是羞耻的，即使饿死也不顾念。由此来看，他们这样做难道是想要获得什么吗？那是因为他们忠实相信自己的道义并且了解自己。

现今的所谓士人，只要有人赞誉他，就自以为该得到更高的赞誉；只要有人反对他，就认为自己不行。偏偏只有伯夷、叔齐来否定圣人的做法而坚持自己的信念。武王、周公等圣人的言行是万世万代的标准。所以我认为，像伯夷这样的人，是立身行事独特，穷尽天地，经历万世也不会回头的人啊。

即使这样，如果没有他们二人，乱臣贼子就会在后世接连不断地出现吧。

文史共读：《史记·伯夷叔齐列传》节选

伯夷、叔齐[1]，孤竹君[2]之二子也。父欲立叔齐，及父卒，叔齐让[3]伯夷。伯夷曰："父命也。"遂逃[4]去。叔齐亦不肯立而逃之。国人[5]立其中子[6]。于是伯夷、叔齐闻西伯昌[7]善养老[8]，盍[9]往归焉。及至，西伯卒，武王载木主[10]，号为文王，东伐纣[11]。伯夷、叔齐叩马而谏[12]曰："父死不葬，爰及干戈[13]，可谓孝乎？以臣弑[14]君，可谓仁乎？"左右[15]欲兵[16]之。太公[17]曰："此义人[18]也。"扶而去之。武王已平殷乱，天下宗周，而伯夷、叔齐耻之[19]，义不食周粟[20]，隐于首阳山，采薇[21]而食之。及饿且死，作歌，其辞曰："登彼西山[22]兮，采其薇矣。以暴易暴[23]兮，不知其非矣。神农、虞、夏忽焉没兮，我安适归[24]矣？于嗟徂兮，命之衰矣[25]。"遂饿死于首阳山[26]。

注释：

[1] **伯夷、叔齐**：伯夷是商朝末年孤竹国国君的长子，叔齐是其弟弟。

[2] **孤竹君**：孤竹国君主。孤竹国是商汤时所分封，在今河北卢龙县东南。

[3] **让**：把权益或职位让给别人。

[4] **逃**：逃走。

[5] **国人**：指居住在国都，享有一定参与议论国事权力的人。

[6] **中子**：仲子。古代兄弟排行按伯仲叔季的次序，伯夷、叔齐应为老大、老三，故有中子，即老二。

[7] **西伯昌**：周文王姬昌，当时为西伯，西伯就是西方诸侯之长。

[8] **善养老**：特别喜欢收养老人，实际上是招贤纳士。

[9] **盍**："何不"的合音，表反问或疑问语气。

[10] **木主**：指文王的木制神主牌位。古代帝王出征、巡狩或离开国都，往往会携带先王的灵牌。武王这样做表示他是奉父命出师的。

[11] **纣**：商朝末代君主，因暴虐亡国。

[12] **叩马而谏**：拦路扣着马缰绳进行劝谏，后比喻竭力进行劝谏。叩马，勒紧马缰绳。叩，通"扣"，拉住、牵住。

[13] **爰及干戈**：于是就动起了干戈。爰（yuán），于是、就。用在句首或句中，用来调节语气。及，动起。干戈，古代常用兵器。干是盾，戈是戟。此处引申为战争。

[14] **弑（shì）**：古代下杀上为弑，本义指臣杀君、子杀父母。

[15] **左右**：身旁的随从人员。

[16] **兵**：杀，杀掉，名词作动词。

[17] **太公**：姜太公，即姜尚，辅佐武王伐纣。

[18] **义人**：言行符合正义或道德标准的人。

[19] **耻之**：以之为耻。认为武王武力伐纣、天下宗周是耻辱的事情。

[20] **义不食周粟**：指不仕周而食其俸禄，不是不吃周朝所出产的粮食。义，坚持仁义、气节。

[21] **薇**：蕨类野菜，可食用。

[22] **西山**：首阳山。

[23] **以暴易暴**：指以武王之暴臣易殷纣之暴主，而不自知这是不对的。暴，前一"暴"指暴臣，后一"暴"指暴君。易，换、替代。

[24] **安适归**：到什么地方去？适、归同义。适，往，到……去。

[25] **于嗟徂兮，命之衰矣**：哎呀，我就要死啦，命运怎么这么坎坷呀！于（xū），同"吁"，嗟叹之辞，表示惊异。徂（cú），同"殂"，死亡。

[26] **遂饿死于首阳山**：最终伯夷、叔齐二人饿死在首阳山。遂，副词，最终、终于。

参考译文：

伯夷、叔齐是孤竹君的两个儿子。他们的父亲想要立叔齐为国君，等到父亲死了，叔齐要把君位让给伯夷。伯夷说："这是父亲的遗命啊！"于是逃走了。叔齐也不肯继承君位逃走了。国人只好拥立孤竹君的次子。这时，伯夷、叔齐听说西伯昌能够很好地赡养老人，便决定去投奔他！可是到了那里，西伯昌已经死了，他的儿子武王把他的木制灵牌载在兵车上，并追尊西伯昌为文王，向东方进兵去讨伐纣王。伯夷、叔齐勒住武王的马缰劝谏说："父亲死了不葬，就发动战争，能说是孝顺吗？作为臣子去杀害君主，能说是仁义吗？"武王身边的随从人员要杀掉他们。姜太公说："这是有节义的人啊。"于是搀扶着他们离去了。等到武王平定了暴虐的纣王后，天下都归顺了周朝，可是伯夷、叔齐认为这是耻辱的事情，他们坚持道义，不吃周的俸禄，隐居在首阳山上，以采野菜充饥。到了快要饿死的时候，作了一首歌，歌词："登上那西山啊，采摘那里的薇菜。以暴臣换暴君啊，竟认识不到那是错误。神农、虞、夏的太平盛世转眼消失了，哪里才是我们的归宿？哎呀，只有死啊，命运是这样的不济！"于是伯夷、叔齐二人最终饿死在首阳山。

子产不毁乡校颂

唐·韩愈

题解：

《子产不毁乡校颂》是韩愈散文中一篇借古讽今、指陈时弊的政论文。作者在文中扬颂子产不毁乡校，意在讽喻当时的执政者，符合儒家所谓"温柔敦厚"之教，表现了对时政的关切。韩愈借子产的故事来讽刺当时的执政大臣，把子产的开放舆论和周厉王的压制舆论做对照，用"成败之迹，昭哉可观"二语作结。此文以先秦史书为依托，运用无懈可击的影射手法，有策略地表达出作者的民主思想与批判精神。

　　韩愈的这篇文章是针对唐德宗时一个真实事件而撰写的。唐德宗贞元十五年（799 年），太学生薛约因为直言进谏得罪了权贵，被贬往今广东连州市。而国子司业阳城因为十分同情薛约的不幸遭遇，就亲自在十里长亭为他设宴饯行。而阳城由此被视为罪人的同党而贬了官职，遣发外地。于是，太学生共二百七十人相约来到朝门请愿，要求留下阳城。这次请愿虽然坚持了数天，但其奏疏终因受到群小的阻滞而未能呈达上听。鉴于这种严重践踏民心民意的做法，韩愈就写下了这篇说理短文，用以讽谏当朝执政者的骄横专制，抨击日趋衰落的大唐士风。子产是春秋时郑国的执政大夫公孙侨，他在郑国先后执政共有 22 年，内政外交，政绩卓越，是我国古代著名的政治家和外交家，"不毁乡校"便是他流传千古的一件美事。

我思古人，伊郑之侨。以礼相国，人未安其教。游于乡之校，众口嚣嚣。或谓子产："毁乡校则止。"曰："何患焉，可以成美。夫岂多言，亦各其志。善也吾行，不善吾避。维善维否，我于此视。川不可防，言不可弭。下塞上聋，邦其倾矣。"既乡校不毁，而郑国以理。

在周之兴，养老乞言；及其已衰，谤者使监。成败之迹，昭哉可观。维是子产，执政之式。维其不遇，化止一国。诚率是道，相天下君，交畅旁达，施及无垠。於乎！四海所以不理，有君无臣。谁其嗣之？我思古人！

注释与讲疏：

我思古人，伊 [1] 郑之侨 [2]。以礼相国 [3]，人未安其教 [4]。游于乡之校 [5]，众口 [6] 嚣嚣 [7]。或 [8] 谓子产："毁乡校则止。"曰："何患焉，可以成美 [9]。夫岂多言，亦各其志。善也吾行，不善吾避。维 [10] 善维否 [11]，我于此视。川不可防，言不可弭 [12]。下塞上聋 [13]，邦其倾矣 [14]。"既乡校不毁，而郑国以理 [15]。

注释：

[1] 伊：句首语气词，没有实义。

[2] 郑之侨：指春秋时郑国执政大夫公孙侨，字子产，在郑简公、郑定公时期执政20年，内政外交，政绩斐然，是郑国著名的政治家和外交家。子产不毁乡校，是其事迹之一。

[3] 相国：辅佐国政。相，治理。

[4] 人未安其教：人们对他的教令还没有习惯。安，安于，习惯，悦服。教，教化、教令。

[5] 游于乡之校：在乡校议论政事得失。游，此处指闲谈、议论。乡之校，乡校，指西周春秋时设在乡里的学校，也是国人议论政治的地方。

13

[6] **众口**：众人之口。

[7] **嚣（xiāo）嚣**：众人喧哗的样子。

[8] **或**：有人，这里指郑国大夫然明。

[9] **成美**：完成好事，成就美善之政事。

[10] **维**：句首句中语气词，无实义。

[11] **否（pǐ）**：坏、恶。

[12] **言不可弭（mǐ）**：舆论不可以用权力来禁止。弭，止，停止。

[13] **下塞上聋**：堵塞人民的嘴，不许评论政治，那执政者就不能听到他们的意见，听不到批评就不知道自己的过失，和聋人一样了。

[14] **邦其倾矣**：国家就将要灭亡了。邦，国家。其，时间副词，将要。倾，倾覆、垮台、覆灭。

[15] **理**：治理，应为"治"，为了避唐高宗李治的讳改为理字。

讲疏：

这一段开门见山，明确提出了作者对子产的赞美，"我思古人，伊郑之侨"。接下来叙述子产不毁乡校的善行义举和由此而产生的政绩。子产治国广开言路，并不因当时郑国人纷纷出入乡校，去议论他治国的方法就去毁掉乡校，而是从乡校的舆论中去检视治国的政令是否得当。他开明的政治作风，使郑国得到了好的治理，并且很快安定下来。作者借子产之口批判周厉王的做法，指出其"下塞上聋，邦其倾矣"的历史教训；颂扬了子产不毁乡校"而郑国以理"的正面经验，为下文的颂赞和议论做好了铺垫。这里作者把《左传》中的散文改作韵文，使得节奏分明，读起来朗朗上口；且多采用字意浅显却又生动的语言，使得文从字顺，意义也通晓清晰。

在周之兴，养老乞言 [1]；**及其已衰，谤者使监** [2]。**成败之迹** [3]，**昭** [4] **哉可观。维是子产，执政之式** [5]。**维其不遇，化止一国。诚率是道** [6]，**相天下君，交畅旁达** [7]，**施** [8] **及无垠** [9]。**於乎** [10] **！四海所以不理，有君**

无臣。谁其嗣之 [11]？我思古人。

注释：

[1] **在周之兴，养老乞言**：据记载，在周文王十一世祖公刘时，已举行过奉养老人的典礼，请求年高有德的老人发表建议，并把他们的话当作施政的标准。

[2] **谤者使监**：派人监视指责过失者。《国语·周语》记载，周厉王暴虐无道，引起国人的非议，他派卫巫去监视，听到不合意的话，便把说话的人杀掉，弄得国人敢怒不敢言。后来激起公愤，国人一致起来反抗，把他放逐出去。谤，公开指责别人的过失。监，监察、监视。

[3] **迹**：事例、事迹。

[4] **昭**：明，明显。

[5] **式**：法式、典范。

[6] **诚率是道**：如果确实能遵行子产治理国家的方法。率，遵循。

[7] **交畅旁达**：顺利畅通。交畅，交相畅通。畅、达，都是顺利推行的意思。

[8] **施**（yì）：蔓延、延续。

[9] **垠**：界限、边际。

[10] **於**（wū）**乎**：叹词，同"呜呼"。

[11] **谁其嗣**（sì）**之**：还有谁能继承子产的做法？

讲疏：

在上一段中，作者用清新明快的笔调，转述了子产的畅通民意、治国有方的事迹。本段接着列举了周朝畅达民意和阻塞言路所导致的兴亡正反两方面例子，把周初时代的民主风气与周朝衰败时的暴政进行了对比，这样从子产之事又转到周朝兴衰的例子上去，加强了论证的力量，使文章显得更有说服力。文章的最后部分再过渡到对子产的强烈赞颂，说他是"执政之式"，仅仅让他治理郑国，是政治上的屈才，他应该治理天下，因为他是"交畅旁达，施及无垠"的大才。最后以"於乎"一叹转入当今"四海所以不理，有君无臣。谁其嗣之？我思古人！"韩愈之时，正是藩镇割据猖獗，唐王朝尾大不掉的时候，"有君无臣"，令人感慨，谁能继承子产之风？谁有子产之才？"我思古人"，回应开头，抚今追昔，借古伤今，一咏三叹，耐人寻味。同《伯夷颂》相比，《子产不毁乡校颂》更像一篇微型的议论文。

参考译文：

　　我崇敬的古人，就是郑国的子产。他用礼制来治理国家，一开始大家对他的教令还不习惯，大家来到乡校中闲谈执政的得失，众人议论纷纷。有人对子产说："毁掉乡校议论就停止了。"子产说："这有什么可担心的呢？可以把它变成好事。哪能说是议论多了呢？也就是各抒己见罢了。说得对的，我们就采纳；说得不对的，我们就避开；是好是坏，我们就观察一下嘛！河流不能堵塞，言论不能阻止。堵塞言路，主上蒙蔽，国家就要覆灭了！"乡校最后没有被毁掉，而郑国得到了很好的治理。

　　周初刚兴盛时，奉养老成有德之人，听取他们的意见，作为执政的依据；到了衰败时，周厉王却派人监视有不同意见的人。成功失败的事例，可以很清楚地看出来。这个子产啊，是执政的榜样。只是由于他不遇于时，教化才仅限于郑国一国。如果确实能遵行子产治理国家的方法，辅助天下的君王，政令畅通，普遍而顺利地推行，他的影响可以无界限地延伸到后世。唉！天下没有治理好，是因为只有君王没有贤臣啊。还有谁能继承子产的做法？我怀念子产这样贤能的古人呀。

文史共读之一：《左传·襄公三十一年·子产不毁乡校》

　　郑人游于乡校，以论执政 [1]。然明 [2] 谓子产曰："毁乡校何如 [3]？"子产曰："何为 [4]？夫 [5] 人朝夕退 [6] 而游 [7] 焉 [8]，以议执政之善否。其所善者，吾则行之；其所恶者，吾则改之，是吾师也，若之何毁之？我闻忠善以损[9]怨，不闻作威以防[10]怨。岂不遽[11]止？然犹防川。大决所犯，伤人必多，吾不克救也。不如小决使道[12]，不如吾闻而药[13]之也。"然明曰："蔑[14]也今而后[15]知吾子之信[16]可事[17]也。小人[18]实不才[19]，若果行此，其[20]郑国实赖之，岂唯二三臣[21]？"仲尼[22]闻是语[23]也，曰："以是观之，人谓子产不仁，吾不信也。"

注释：

[1] **执政**：指掌握政权的人。

[2] **然明**：郑国大夫，姓鬷（zōng），名蔑，字然明。

[3] **何如**：如何，怎么样。

[4] **何为**：为什么，表示不同意的反问。

[5] **夫**：语气词。

[6] **退**：工作完毕后回来。

[7] **游**：闲逛。

[8] **焉**：语气词。

[9] **损**：减少。

[10] **防**：堵住。

[11] **遽**（jù）：立即、急速、赶快。

[12] **道**：同"导"，疏通、引导。

[13] **药**：名词作动词，以……为药，当作治病的良药。

[14] **蔑**：指郑大夫然明。

[15] **今而后**：从今以后。

[16] **信**：确实、实在。

[17] **可事**：可以成事。

[18] **小人**：自己的谦称。

[19] **不才**：没有才能，谦称。

[20] **其**：语气词。

[21] **二三臣**：指郑国诸大夫。二三，泛指复数，这些、这几位。

[22] **仲尼**：孔子的字。

[23] **是语**：这些话。与下文"以是观之"的"是"同。孔子这个时候才十一岁，他不相信人家批评子产不仁的话，不是在鲁襄公三十一年说的，而是他长大以后说的。

参考译文：

郑国人到乡校休闲聚会，议论执政者施政措施的得失。郑国大夫然明对子产说："把乡校废除了，怎么样？"子产说："为什么要这样做呢？人们干完活儿回来，早晚忙碌之余到乡校走走聊聊，议论一下施政措施的好坏。他们喜欢的，我们就推行；他们讨厌的，我们就改正，这是我们的老师呀！为什么要毁掉它呢？我听说过尽力做善事来减少怨恨，没听说过靠摆威风来防止怨恨。难道不能很快地制止？但是这防患就像防止河水决口一样，河水大决口造成的损害，伤害的人必然很多，我是挽救不了的；不如开个小口疏通河道，不如我听取这些议论后把它当作治病的良药。"然明说："我从现在起才知道您确实可以成大事。我实在没能力，如果真按您的想法去做，郑国就有希望有依靠了，岂止是有利于我们这些做臣子的！"

孔子听到了这番话后说："从这件事来看，人们说子产不仁，我才不相信呢。"

文史共读之二：《论语·公冶长》

子谓[1]子产："有君子之道[2]四焉：其行己[3]也恭[4]，其事上[5]也敬[6]，其养[7]民也惠[8]，其使[9]民也义[10]。"

注释：

[1] **谓**：评价、评论。

[2] **道**：道理、道义，正确的事理或准则。此处指美德、品德。

[3] **行己**：操行。

[4] **恭**：谦虚、庄重。

[5] **事上**：侍奉君上，为君主办事。

[6] **敬**：谨慎、认真。

[7] **养**：教养。

[8] **惠**：恩惠。

[9] **使**：管理、役使。

[10] **义**：同"谊"，仁义、道义。

参考译文：

孔子评价子产："他有四种行为符合君子的品德：言谈举止恭敬谦和，为君办事谨慎认真，对待百姓惠爱有加，使用民力不违道义。"

祭田横墓文（并序）

唐·韩愈

题解：

韩愈于唐德宗贞元八年（792年）举进士。此后，三年两试博学宏词科均告失败，心情抑郁。贞元十一年（795年），韩愈终于在用世与傲气之间采取了折中，在三个月内连续三次上书当时的宰相，希望能得到一官半职，满足其达济天下的用世之心，但还是不被重视，三次上书如泥牛入海，没有消息。不久，他第三次赴考博学宏词科，不料又铩羽而归。他怀才不遇，用世无门，情绪恶劣到了极点。贞元十一年五月他离长安东归河南。九月从故乡去东京洛阳，途经偃师，祭吊当地的田横墓，写下这一篇祭文，借祭田横而发泄自己一腔愤慨。韩愈看似凭吊田横，实则自我安慰。本文节奏铿锵，情感激愤，是韩愈祭文中的名篇。

贞元十一年九月十一日，愈如东京，道出田横墓下。感横义高能得士，因取酒以祭，为文而吊之，其辞曰：

事有旷百世而相感者，余不自知其何心。非今世之所稀，孰为使余歔欷而不可禁？余既博观乎天下，曷有庶几乎夫子之所为？死者不复生，嗟余去此其从谁？当秦氏之败乱，得一士而可王。何五百人之扰扰，而不能脱夫子於剑铓？抑所宝之非贤，亦天命之有常？昔阙里之多士，孔圣亦云其遑遑。苟余行之不迷，虽颠沛其何伤？自古死者非一，夫子至今有耿光。跽陈辞而荐酒，魂仿佛而来享。

注释与讲疏：

贞元 [1] 十一年九月十一日，愈如东京 [2]，道出田横墓 [3] 下。感横义高能得士，因取酒以祭，为文而吊 [4] 之，其辞曰：

注释：

[1] **贞元**：唐德宗的年号，即公元 785—805 年。

[2] **愈如东京**：我到东京去。愈，韩愈自称。如，往，到……去。东京，指洛阳。

[3] **田横墓**：在今河南省偃师市首阳山镇东，距洛阳三十余里（1 里为 500 米）。

[4] **吊**：凭吊、祭奠。

讲疏：

《祭田横墓文》是唐代文学家韩愈创作的一篇祭文。这里是第一段，实际上是这篇祭文的小序。韩愈善于在小地方做大文章，给人以深刻的印象。在这篇祭文中，韩愈为田横的言行所感，以田横的"义高能得士"为主旨，借以寄思消愁。这就为祭文做了铺垫。

事有旷 [1] 百世 [2] 而相感者，余不自知其何心。非今世之所稀 [3]，孰 [4] 为使余歔欷 [5] 而不可禁？余既博观乎天下，曷有庶几乎夫子之所为 [6]？死者不复生，嗟余去此其从谁？当秦氏之败乱，得一士而可王。何五百人之扰扰 [7]，而不能脱夫子於剑铓 [8]？抑所宝 [9] 之非贤，亦天命之有常？昔阙里 [10] 之多士，孔圣亦云其遑遑 [11]。苟余行之不迷，虽颠沛其何伤？自古死者非一，夫子至今有耿光 [12]。跽陈辞而荐酒 [13]，魂仿佛而来享 [14]。

注释：

[1] **旷**：间隔、隔离。此处指超越。

[2] **百世**：形容时代的久远。世，古代以三十年为一世。

[3] **稀**：同"希"，崇尚、希望。

[4] **孰**：谁，此处指田横。

[5] **歔（xū）欷（xī）**：指悲泣、抽泣。

[6] **曷（hé）有庶几乎夫子之所为**：哪有像田横那样义高而能得士的？曷有，哪有。庶几，相近，差不多。夫子，此处是对田横的尊称。

[7] **扰扰**：形容纷乱的样子，这里应指人多而乱。

[8] **而不能脱夫子於剑铓**：却不能使您远离刀剑的锋芒。脱，摆脱、免除。剑铓，宝剑的锋芒。铓（máng），刀、剑等的尖端。

[9] **宝**：用作动词，珍爱、爱重，以为宝。

[10] **阙里**：相传为孔子讲学授徒的地方，一说是孔子的故宅或出生地。这里以阙里为孔门的代名词。

[11] **遑（huáng）遑**：匆匆忙忙、奔走不停的样子。

[12] **耿光**：光明、光辉。耿光二字同义。

[13] **跽陈辞而荐酒**：跪下来诵读祭文而献酒。跽（jì），跪、长跪，就是上身挺直，两膝着地。陈辞，读诵祭文。荐酒，用酒祭奠。荐，献，进献，特指向鬼神进献。

[14] **魂仿佛而来享**：魂魄仿佛过来享用。魂，古人认为能脱离人体而存在的精神，阳气为魂，阴神为魄。仿佛，隐约、依稀、好像。享，享受、享用，此处指鬼神享用祭品。

讲疏：

第二段是祭文的真正开始，其形式为韵文，一韵到底，在行文上一气呵成，淋漓酣畅，与前一层次有明显的不同。这篇祭文可以分两层意思。第一层意思是述情，从历史说起，展示了跨越千年的"心有灵犀"，显示了强大的道德力量。"余既博观乎天下"以下四句，是针对现实有感而发的。统观天下，无田横之高义，亦无田横之重士，说尽心中不平，骂尽当时权贵；田横死而不能复生，自叹无人可追随，道尽心中愤懑，骂尽世上庸人。第二层意思是说理。田横"义高能得士"毕竟以失败告终，于是韩愈又从田横的失败着笔，说田横的失败与是否得士无关，还以孔门多士而孔子一生却道不行于列国为例，确认田横所得之士皆贤，而田横失败，只能归之于天命。但是韩愈以"苟余行之不迷，虽颠沛其何伤？"两句否定天命。而否定天命论，就是肯定了田横的"义高能得士"的正确性。因此与其说此文是哀悼田横，还不如说是慨叹作者自己的怀才不遇。不过，他并不因此悲观绝望，他说"颠沛其何伤？"，表明他对自己的未来有着道义上的自信。最后韩愈又回到对田横的悼念上来，他不仅在精神上感到田横的存在和道德的力量，而且表示了他的极大虔诚，这正是对当世的愤懑。

参考译文：

贞元十一年九月十一日，我去洛阳，从田横的墓旁经过，感叹田横义气高尚，得到贤士的爱戴，于是就取出酒来祭奠他，做一篇祭文来悼念他。文章是这样的：

事情有超越了上百世而能相互感应的，我现在不知道自己是什么心情。您的"义高能得士"的风气已经不是当今之世人所崇尚的了，是谁让我哽咽唏嘘不停啊？我看遍了全天下的人之后，哪有和您类似的重义气的行为啊？已经死的人不能再活过来了，只是感叹离开了您我还能去追随谁呢？当年秦朝败乱的时候，得到一个大贤士就可以称王于天下，可为什么您那五百人跟随您熙熙攘攘，却不能使您远离刀剑的锋芒呢？是那个时代所珍视的并非真正的贤才，还是天命不可违背呀？当年孔子门下有那么多的贤人，而圣人孔子也还是说他自己匆匆忙忙奔走于列国之间，不得休息。只要我前进的方向正确、求道之路不迷失，即使人生颠沛流离、时运不济，又有什么值得哀伤的呢？自古以来人皆有死，但意义不一样，您到现在还是光芒万丈的。我恭敬地跪下来诵读祭文向您献酒，仿佛您的灵魂就来享用了。

文史共读：《史记·田儋列传》节选

后岁余，汉灭项籍，汉王立为皇帝，以彭越为梁王。田横惧诛，而与其徒属五百余人入海，居岛[1]中。高帝闻之，以为田横兄弟本定齐，齐人贤者多附焉，今在海中不收[2]，后恐为乱，乃使使[3]赦田横罪而召之。田横因谢[4]曰："臣亨陛下之使郦生[5]，今闻其弟郦商为汉将而贤，臣恐惧，不敢奉诏，请为庶人，守海岛中。"使还报，高皇帝乃诏卫尉[6]郦商曰："齐王田横即[7]至，人马从者敢动摇者致[8]族夷[9]！"乃复使使持节[10]具告以诏商状，曰："田横来，大者王，小者乃侯耳；不来，且举兵加诛焉。"田横乃与其客二人乘传诣雒阳。

未至三十里，至尸乡厩置[11]，横谢使者曰："人臣见天子当洗沐。"止留。谓其客曰："横始与汉王俱南面称孤[12]，今汉王为天子，而横乃为亡虏而北面事之，其耻固已甚矣。且吾亨人之兄，与其弟并肩而事其主，纵彼畏天子之诏，不敢动我，我独不愧於心乎？且陛下所以欲见我者，不过欲一见吾面貌耳。今陛下在洛阳，今斩吾头，驰三十里间，形容[13]尚未能败[14]，犹可观也。"遂自刭，令客奉[15]其头，从使者驰奏之高帝。高帝曰："嗟乎，有以也夫[16]！起自布衣，兄弟三人更王，岂不贤乎哉！"为之流涕，而拜其二客为都尉[17]，发卒二千人，以王者礼葬田横。

既葬，二客穿其冢[18]旁孔，皆自刭，下从之。高帝闻之，乃大惊，以田横之客皆贤，"吾闻其余尚五百人在海中"，使使召之。至则闻田横死，亦皆自杀。于是乃知田横兄弟能得士也。

太史公曰：田横之高节[19]，宾客慕义而从横死，岂非至贤！余因而列[20]焉。不无善画[21]者，莫能图[22]，何哉？

注释：

[1] **岛**：在今山东省青岛市即墨区东部海域有田横岛。

[2] **不收**：不收捕。

[3] **使使**：派遣使者。第一个"使"是"派遣、派出"的意思；第二个"使"是使者的意思。下文的"使使"同。

[4] **谢**：推辞，委婉拒绝。

[5] **臣亨陛下之使郦生**：我曾经烹杀陛下您的使者郦生。亨，同"烹"。郦生，即郦（lì）食（yì）其（jī），刘邦的谋士。汉王四年（公元前203年），大将军韩信攻打齐国，导致郦食其为齐王田广烹杀。下文郦商是其弟弟。

[6] **卫尉**：九卿之一，掌宫门警卫。

[7] **即**：如，若，如果。

[8] **致**：招来。

[9] **族夷**：灭族，满门抄斩。

[10] **持节**：手持皇帝的符节，既代表皇帝又能证明自己的身份。节，帝王使者外出所持的信物。

[11] **尸乡厩（jiù）置**：位于尸乡的驿站。尸乡，地名，在今河南偃师。厩置，马房，驿站的马棚。

[12] **孤**：侯王自称谓孤、寡、不谷，谦称。

[13] **形容**：外形容貌。

[14] **败**：坏，变质。

[15] **奉**：通"捧"。

[16] **有以也夫**：是有原因的，有道理的。以，代指原因，缘故。

[17] **都尉**：低于校尉的武职。

[18] **冢**：坟墓。

[19] **高节**：指田横不愿为人之下而慷慨自杀的崇高节操。

[20] **列**：叙述、论列。

[21] **画**：谋划、筹划，一说绘画。

[22] **图**：图谋，一说画像。

参考译文：

一年多后，汉王刘邦消灭了项羽，自立为皇帝，封彭越为梁王。田横害怕被杀，就带领他的部下五百多人逃入海中，居住在一个小岛之上。汉高祖刘邦听到这个消息之后，认为田横兄弟本来就平定了齐国，齐国的贤士大都依附于他，如今要让他流落在海中而不加以收揽的话，以后恐怕难免有祸患。因此就派使者赦免田横之罪并且召他入朝，田横却辞谢说："我曾经烹杀了陛下的使者郦生，现在我又听说郦生的弟弟郦商是一个很有才能的汉朝将领，所以我非常害怕，不敢奉诏进京，请求您允许我做一个平民百姓，待在这海岛上。"使者回来报告，高祖立刻下诏给卫尉郦商说："齐王田横将要到京，谁要敢动一下他的随从人员，立刻满门抄斩！"接着又派使者拿着符节把皇帝下诏指示郦商的情况原原本本地告知田横，并且说："田横若是来京，最大可以封为王，最小也可以封为侯；若是不来的话，将派军队加以诛灭。"田横于是和他的两个门客一块乘坐驿站的专用马车前往洛阳。

在离洛阳三十里远，有一个叫尸乡的地方，这一天田横等人来到此地驿站。田横对汉使说："作为人臣拜见天子应该沐浴一新。"于是就住下来。田横对他的门客说："我田横起初和汉王都是南面称孤的王，现在汉王做了天子，而我田横成了亡国奴，要北面称臣侍奉他，这本来就是莫大的耻辱了。更何况我烹杀了人家的兄长，再与他的弟弟来并肩侍奉同一个主子，纵然他害怕皇帝的诏命，不敢动我，难道我于心就毫不羞愧吗？再有，皇帝陛下召我来京的原因，不过是想见一下我的面貌罢了。如今皇帝就在洛阳，现在割下我的头颅，快马飞奔三十里的工夫，我的容貌还不会改变，还是能够看一下我究竟是什么样子的。"说完之后，就自刎了，命两个门客手捧他的头，跟随使者飞驰入朝，奏知汉高祖。汉高祖说道："哎呀！能有此言此行，是有原因的呀！田氏兄弟从平民百姓起家，兄弟三个人接连为王，难道不是贤能的人吗？"汉高祖忍不住为他流下了眼泪。然后高祖拜田横的两个门客为都尉，并且派两千名士卒，以诸侯王的丧礼安葬了田横。

安葬完田横之后，两个门客在田横墓旁挖了个洞穴，然后自刎，倒在洞里，追随田横死去。汉高祖听说此事之后，大为吃惊，认为田横的门客都是贤才。高祖听说田横手下还有五百人在海岛上，又派使者召他们进京。进京之后，这五百门客听到田横已死，也都自杀。由此更可以了解田横兄弟确实是能够得到贤士拥戴的人。

太史公说：田横节操高尚，宾客仰慕他的高义而愿意随他去死，这难道还不是最为贤能的人吗？我根据事实把他的事迹记录在这里。非常可惜，不是没有足智多谋善于谋划的贤才，最后却没有人能够辅佐田横谋得天下，这是什么原因呢？

道与政：柳宗元论辩政治得失

桐叶封弟辨

唐·柳宗元

题解：

《桐叶封弟辨》是唐朝文学家柳宗元的一篇议论文。该文通过评论"桐叶封弟"这个故事，批评了所谓"天子无戏言"的谬说，柳宗元还用桐叶封妇人和宦官的假设，影射了唐朝宦官专权的腐败政治，表达了革新朝政的愿望。永贞革新失败后，柳宗元花费大量精力阅读古今史书，对历史和现实问题进行深入的思考，辨其误，指其失，这篇史评就是当时所创作的。辨，同"辩"，是古代文体，以辨为题之文，必有反驳与本论两部分内容。这一文体创始于唐代的韩愈、柳宗元。

古之传者有言：成王以桐叶与小弱弟，戏曰："以封汝。"周公入贺，王曰："戏也。"周公曰："天子不可戏。"乃封小弱弟于唐。

吾意不然。王之弟当封邪？周公宜以时言于王，不待其戏而贺以成之也。不当封邪？周公乃成其不中之戏，以地以人与小弱者为之主，其得为圣乎？且周公以王之言不可苟焉而已，必从而成之邪？设有不幸，王以桐叶戏妇寺，亦将举而从之乎？凡王者之德，在行之何若。设未得其当，虽十易之不为病。要于其当，不可使易也，而况以其戏乎？若戏而必行之，是周公教王遂过也。

吾意周公辅成王宜以道，从容优乐，要归之大中而已，必不逢其失而为之辞。又不当束缚之，驰骤之，使若牛马然，急则败矣。且家人父子尚不能以此自克，况号为君臣者邪？是直小丈夫缺缺者之事，非周公所宜用，故不可信。

或曰：封唐叔，史佚成之。

注释与讲疏：

古之传者[1]有言：成王[2]以桐叶[3]与小弱弟，戏曰："以封[4]汝。"周公入贺，王曰："戏[5]也。"周公曰："天子不可戏。"乃[6]封小弱弟于唐[7]。

注释：

[1] 传（zhuàn）者：书传；一说编撰史书的人。此处指《吕氏春秋·重言》和刘向《说苑·君道》所记周公促成桐叶封弟的故事。

[2] 成王：周成王，周武王之子，名诵。据载，成王年幼即位，由叔父周公旦摄政七年。

[3] 桐叶：梧桐叶。

[4] 封：分封，赐予土地。

[5] 戏：开玩笑，戏谑。

[6] 乃：竟。

[7] 唐：古国名，在今山西省翼城县西，为周成王所灭，后封其弟叔虞于此。

讲疏：

第一段简要叙述了桐叶封弟的故事，作为驳论的对象，同时还指出"天子不可戏"是促成桐叶封弟的前提条件。

吾意不然[1]。王之弟当封邪？周公宜以时言于王，不待其戏而贺以成之也。不当封邪？周公乃成其不中之戏[2]，以地以人与小弱者为之主[3]，其得为圣乎[4]？且周公以王之言不可苟[5]焉而已，必从而成之邪？设[6]有不幸，王以桐叶戏妇寺[7]，亦将举[8]而从之乎？凡王者之德，在行之何若[9]。设未得其当[10]，虽十易之不为病[11]。要[12]于其当，不可使易也，而况[13]以[14]其戏乎？若戏而必行之，是[15]周公教王遂过[16]也。

注释：

[1] **吾意不然**：我认为事实不是这样的。意，认为、料想。

[2] **不中（zhòng）之戏**：不恰当、不合理的戏言。

[3] **以地以人与小弱者为之主**：把土地和人民交给小弱弟，当他们的国君。第一个"以"是"把"的意思，第二个"以"是"和"的意思。

[4] **其得为圣乎**：周公这样做称得上是圣人吗？得为，能算得上。

[5] **苟**：苟且、轻率、随便。

[6] **设**：假设、假如。下文"设未得其当"之"设"同。

[7] **妇寺**：宫中的妃嫔和宦官。

[8] **举**：采取行动。一说都、全部，另一说称举、言说。

[9] **何若**：如何。

[10] **当**：得当，适合。下文"要于其当"之"当"同义。

[11] **虽十易之不为病**：即使改变多次也不是错误。十易之，改变十次，指改变次数多。易，改变、更改。下文"不可使易也"之"易"同。不为病，不算做错了。病，毛病、弊病。

[12] **要**：如果、倘若。

[13] **而况**：何况。

[14] **以**：因为。

[15] **是**：这，这样做。

[16] **教王遂过**：教唆成王的过错得以实现。遂，成、成功、顺利做到。

讲疏：

本段开头作者亮明自己的态度即"吾意不然"，然后通过层层推论，以设问、反问的方式，从情理上说明桐叶封弟非周公促成。作者先做出了三种假设，再推出其荒谬后果加以反驳；然后正面论述了"王之德以当否为准，不当之言虽十易之不为病"的论点。首先，作者就成王之弟当封不当封，发表了对周公的看法：如果当封，周公会及时进言，而不会在成王口出戏言之时才促其成功；如果不当封，周公怎么会不恰当地让成王用地和人封给一个尚未谙事的小弟弟呢？在"其得为圣乎"的反问中，作者肯定周公不会服从君主的戏言。其次，作者认为周公仅仅告诫成王作为君主不可有轻率的言语，至于叔虞当封与否，周公并未给出肯定的回答，因而推论此事乃周公促成是不合情理的。最后，作者做了一个可能出现的假设，即周成王如果把桐叶封给妇人或宦官，那么，周公也会顺从君主的玩笑话而维护"君无戏言"的权威吗？从情理上看，也是不会的。这样，作者就以严密的推论否定了周公促成桐叶封弟的说法，也从根本上推翻了史书的这段记载。

吾意周公辅成王宜以道 [1]**，从容** [2] **优乐** [3]**，要归之大中** [4] **而已，必不逢其失而为之辞** [5]**。又不当束缚** [6] **之，驰骤** [7] **之，使若牛马然** [8]**，急则败矣。且家人父子尚不能以此自克** [9]**，况号为君臣者邪？是直小丈夫缺缺者之事** [10]**，非周公所宜用，故不可信。**

注释：

[1] **道**：指道理、正道。联系后文，"道"是作者常说的"大中之道"或"中道"。所谓"大中""中"，就是不偏不倚、无过无不及、恰到好处的中正之道。

[2] **从容**：指举止言行。

[3] **优乐**：嬉戏、娱乐。

[4] **要归之大中**：要符合中正之道。要，总、都。归，趋向或集中于

一个地方。大中，与前文"不中"相对应，恰当、最高的标准与合理性，不偏于极端。得其当就是大中之道，大中所在就是道之所在，就是圣人之教。

[5] **必不逢其失而为之辞**：一定不会在君王有过失时为之辩解。逢，逢迎、迎合。失，过失、失误。为之辞，指为过失而巧言辩解。辞，解释、掩饰、巧言辩解。

[6] **束缚**：约束、拘束。

[7] **驰骤**：纵马急行，这里指劳碌不停。

[8] **然**：词尾，表示状态，"……的样子"。

[9] **自克**：自我约束。克，克制、约束。

[10] **是直小丈夫觖觖者之事**：这只不过是小丈夫耍小聪明而做的事。是，这、这件事。直，仅仅、只是、只不过。小丈夫，庸俗而见识短浅的人。觖（quē）觖，与"缺缺"通，疏薄诈伪、卖弄小聪明的样子。

讲疏：

本段由情入理，以正面阐述君臣关系为主，以对比、比喻的修辞手法，从理论上肯定桐叶封弟并非周公促成。从"吾意"二字开始，分三个层面对这件事情非周公所为做辨析。作者先从辅君之道说起，认为周公一定不会去曲己迎合王意；接着以牛马做比喻，说周公应懂得"急则败矣"的道理，因而也不会给成王施加压力；最后又以父子的关系做比喻，父子之间都不能以戏言相约束，君臣之间更是不可以了。在这样的推论之后，作者断定：此事非周公所为，"古之传者"所言不可信。借助对史书记载的辨伪，柳宗元提出了辅佐君主应以"大中之道"的论点和"以道治国、以德论君"的政治主张。

或 [1] **曰：封唐叔** [2]，**史佚成之** [3]。

注释：

[1] **或**：有人。

[2] **唐叔**：叔虞，即前文成王的"小弱弟"。

[3] **史佚（yì）成之**：周太史尹佚促成了封叔虞于唐这件事。《吕氏春秋·重言》《说苑·君道》都说是周公促成的，而《史记·晋世家》则说是史佚促成的。

讲疏：

桐叶封弟一事还有出于史佚一说，柳宗元的"或曰"就是指司马迁的记载，由此可见，桐叶封弟到底是何人促成的，历史上的记载、史家的看法不尽一致，从而证明自己的推论并非无稽之谈。对历史上的不同记载，柳宗元没有深究其是非曲直，转而借此来论述明君的威望在于行道，贤臣的职分在于指出君主的过失，并以道来辅佐他。可见，柳宗元不过是借辨伪历史记载来阐述自己"以道治国、以德论君"的政治主张。

参考译文：

古书上有这样的记载：周成王把削成珪形的桐树叶送给小弟弟叔虞，开玩笑说："把它封给你。"周公进去祝贺。成王说："我是开玩笑的。"周公说："天子不可以开玩笑。"于是，成王把唐地封给了小弟弟。

我认为事实不是这样的，如果成王的弟弟应该受封的话，周公就应当在合适的机会向成王提出来，不应该等到他开玩笑时才用祝贺的方式来促成它；如果不应该受封的话，周公促成了他那不合适的玩笑，把土地和百姓给予了小弟弟，让他做了君主，周公这样做能算得上是圣人吗？况且周公只是认为君王说话不能随便罢了，因而就一定由此而促成戏言成为事实吗？假设发生了这样不幸的事，成王把削成珪形的桐树叶跟妇人和太监也开这样的玩笑，周公也会提出来照办吗？凡是帝王的德行，在于他的政令行为怎么样。假设他做得不恰当，即使多次改变它也不算是缺点。如果是恰当的，就不要更改它，更何况是因为他在说开玩笑的话呢！假若开玩笑的话也一定要遵照执行，这样做就是周公在教成王铸成过错啊！

我想周公辅佐成王，应当拿不偏不倚的道理来引导他，使他的举止行动以至玩笑作乐都要符合中正之道就行了，必定不会去逢迎他的过失，为他巧言辩解。又不应该管束成王太严，使他终日忙碌不停，对他像牛马那样，管束太紧太严就要坏事。况且在一家人中父子之间，还不能用这种方法来自我约束，何况名分上是君臣关系呢！这只是庸俗之人卖弄小聪明而做的事，不是周公应该采用的方法，所以这种说法不能相信。

有的史书记载说："唐叔分封的事是史佚促成的。"

文史共读：《史记·晋世家》节选

晋唐叔[1]虞[2]者，周武王子而成王弟。初，武王与叔虞母[3]会时，梦天谓武王曰："余命女[4]生子，名虞，余与之唐。"及生子，文[5]在其手曰"虞"，故遂因命之曰虞。

武王崩，成王立，唐[6]有乱，周公诛灭唐。成王与叔虞戏，削桐叶为珪[7]以与叔虞，曰："以此封若[8]。"史佚因请择日立[9]叔虞。成王曰："吾与之戏耳。"史佚曰："天子无戏言。言则史书[10]之，礼[11]成之，乐[12]歌之。"于是遂封叔虞于唐。唐在河、汾之东[13]，方百里，故曰唐叔虞。姓姬氏，字子于。唐叔子燮，是为晋侯[14]。

注释：

[1] **叔**：伯仲叔季的排行次第。

[2] **虞**：成王弟弟的名字，受封于唐，后来叔虞之子燮迁至曲沃（今山西省闻喜县东北），因南临晋水，故改名为晋，故史称"晋唐叔虞"。

[3] **叔虞母**：武王后，姜太公的女儿。

[4] **女**：汝。

[5] **文**：文字，此指在手掌中纹路形成的字。

[6] **唐**：古国名，尧的后裔所封之地，周成王时，唐人作乱而被灭。在今山西省翼城县西。《诗经·国风》中有"唐风"12首，即此地。

[7] **珪**：是古代帝王诸侯举行隆重仪式时所用的玉器，形状如笏，上圆下方。

[8] **若**：你。

[9] **立**：册立、册封。

[10] **书**：写，记载。

[11] **礼**：礼仪、礼制。

[12] **乐**：奏乐。本义是音乐，此处用作动词。

[13] **河、汾之东**：黄河、汾河以东，即今山西省临汾市侯马市、曲沃县、翼城县一带。

[14] **晋侯**：叔虞的儿子燮因唐南有晋水，改为晋侯。

参考译文：

晋国的唐叔虞是周武王的儿子，周成王的弟弟。当初，周武王与叔虞母亲结婚时，叔虞母亲梦见上天对周武王说："我让你生个儿子，名叫虞，我把唐赐给他。"等到武王夫人生下婴儿后一看，手掌心上果然写着"虞"字，所以就给儿子取名为虞。

周武王逝世后，周成王继位，唐发生叛乱，周公灭了唐。一天，周成王和叔虞做游戏，成王把一片桐树叶削成珪状送给叔虞，说："用这个分封你。"史佚于是请求选择一个吉日正式册封叔虞为诸侯。周成王说："我和他开玩笑呢！"史佚说："天子无戏言。只要说了，史官就应如实记载下来，按礼节完成它，并奏乐章歌咏它。"于是周成王把唐封给叔虞。唐在黄河、汾河的东边，方圆一百里，所以叫唐叔虞，姓姬，字子于。唐叔的儿子燮就是晋侯。

晋文公问守原议

唐·柳宗元

题解：

805 年 1 月，唐顺宗即位，任用王伾、王叔文等人，柳宗元由于与王叔文等人政见相同，也被提拔为礼部员外郎，加上其他一些政见相同的人，形成了一个政治集团，他们积极推行革新，采取了一系列改革措施，史称"永贞革新"。但是这一革新受到了以俱文珍为首的宦官集团的反对。8 月唐顺宗被迫禅让给太子李纯，即唐宪宗。后来王伾、王叔文等人，或贬或死，历时 180 多天的"永贞革新"宣告失败。革新失败后，柳宗元被贬为永州司马，王叔文政治集团的其他人也多被贬为边远的州司马，后人又称之为"二王八司马"事件。被贬之后的柳宗元深感世事日非、政在宦官，于元和四年（809 年）永州司马的任上写了一篇议论宦官之患的文章《晋文公问守原议》，"借晋文之失以讽当时宦官之祸"（沈德潜语），这是目前见到的他一生唯一一篇专门论说宦祸之作。

柳宗元在文中发出的宦祸警示，被后来的事实印证了。唐宪宗以下的九个皇帝，好像任宦官摆布的褓褓小儿，任意废立，甚至成了宦官的刀俎物。宦祸和由此引发的争斗，日趋激烈，并发生了两起惨烈事变。大和九年（835 年）唐文宗与宰相李训和凤翔节度使郑注等人，密谋借观石榴树上的甘露，诱杀宦官仇士良等人，不幸伏兵暴露失败。仇士良率兵捕杀李训、王涯、郑注等人，并诛杀了京官一千余人，史称"甘露之变"。唐昭宗时，宰相崔胤联合藩镇诛灭京城数百位宦官，并令各地诛杀宦者监军，使宦官尽灭，但也导致了宣武节度使朱温坐大，为唐朝灭亡埋下祸根。朱温逐步成为中原霸主，唐昭宗在 904 年被朱温所弑，905 年发生了朱温诛杀唐朝大臣的"白马驿之祸"。唐朝"宦官时代"结束了，唐王朝也随之灭亡了。

　　晋文公既受原于王，难其守，问寺人勃鞮，以界赵衰。

　　余谓：守原，政之大者也，所以承天子、树霸功，致命诸侯，不宜谋及媟近，以忝王命。而晋君择大任，不公议于朝，而私议于宫；不博谋于卿相，而独谋于寺人，虽或衰之贤足以守，国之政不为败，而贼贤失政之端，由是滋矣。况当其时不乏言议之臣乎？狐偃为谋臣，先轸将中军，晋君疏而不咨，外而不求，乃卒定于内竖，其可以为法乎？

　　且晋君将袭齐桓之业，以翼天子，乃大志也。然而齐桓任管仲以兴，进竖刁以败。则获原启疆，适其始政，所以观示诸侯也，而乃背其所以兴，迹其所以败。然而能霸诸侯者，以土则大，以力则强，以义则天子之册也，诚畏之矣，乌能得其心服哉？其后景监得以相卫鞅，弘、石得以杀望之，误之者晋文公也。

　　呜呼！得贤臣以守大邑，则问非失举也，盖失问也。然犹羞当时陷后代若此，况于问与举又两失者，其何以救之哉？余故著晋君之罪，以附《春秋》许世子止、赵盾之义。

注释与讲疏：

晋文公既受原于王 [1]，**难其守** [2]，**问寺人** [3] **勃鞮** [4]，**以界** [5] **赵衰** [6]。

注释：

[1] **晋文公既受原于王：**晋文公从周襄王那里受封原邑之后。晋文

公，春秋五霸之一，名重耳，晋献公之子。晋献公宠爱骊姬，杀太子申生，重耳流亡在外 19 年，借助秦穆公之力回到晋国。晋文公用狐偃、赵衰、先轸诸贤臣，其文治武功卓著，开创了晋国长达百年的霸业，是春秋五霸中第二位霸主，与齐桓公并称"齐桓晋文"或"桓文"。原，地名，在今河南省济源市西北。

[2] 守：古代国君派人到某地为官，守住一方土地，治理一方民众，叫作守。

[3] 寺人：古代宫中的近侍小臣，宦官。

[4] 敦（bó）鞮（dī）：寺人披。

[5] 畀：给予。

[6] 赵衰（cuī）：跟随晋文公出亡 19 年，文公回国后，赵衰与狐偃居首功。后为原大夫，辅佐晋文公称霸。卒谥成子，子孙世世代代为晋卿。

讲疏：

开头简明扼要地介绍了历史事实，交代了人物和事情原委，为下文展开论述做了铺垫。

余谓：守原，政之大者也，所以 [1] **承天子、树霸功，致命** [2] **诸侯，不宜谋及媟近** [3] **，以忝王命** [4] **。而晋君择大任，不公议于朝，而私议于宫；不博谋于卿相，而独谋于寺人，虽或** [5] **衰之贤足以守，国之政不为败** [6] **，而贼贤失政之端** [7] **，由是滋矣** [8] **。况当其时不乏言议之臣乎？狐偃** [9] **为谋臣，先轸** [10] **将中军，晋君疏而不咨** [11] **，外而不求** [12] **，乃卒定于内竖** [13] **，其可以为法乎？**

注释：

[1] **所以**：用以，用来。

[2] **致命**：传达命令，传达言辞、使命。

[3] **媟近**：此处指宦官。媟（xiè），轻慢无礼，过分亲昵不庄重。

[4] **以忝王命**：有辱王命。忝（tiǎn），辱、辱没，有愧于。王命，周天子（周襄王）的诏命。

[5] **或**：如、若。

[6] **败**：破坏。

[7] **而贼贤失政之端**：这样的做法是伤害贤臣祸乱国政的根源。贼，伤害。失，误。端，开始、开头。

[8] **由是滋矣**：从这里开始滋生蔓延了。是，这。滋，滋蔓、滋长。

[9] **狐偃**：姬姓，狐氏，字子犯，大戎（今山西交城）人。晋文公的首席谋士。

[10] **先轸**：又称原轸，曾任晋中军将。

[11] **咨**：询问。

[12] **求**：祈求，求教。

[13] **内竖**：宫内小臣之称。汉朝以后，凡宦官皆称内竖。

讲疏：

这一部分主要是说晋文公谋大事于宦官，开了"贼贤失政之端"。由于原人被围城也不投降，难以驾驭（详见后文），由此引起委任贤才来守原的事情。对于这一"择大任"的国之大政，晋文公却"不公议于朝，而私议于宫；不博谋于卿相，而独谋于寺人"，这个句子对照显示出，对于这种远文武大臣、近狎昵小人的不智之举，柳宗元认为是"以忝王命"的。尽管寺人勃鞮举荐的是"贤足以守"的赵衰，而且"国之政不为败"，但是，"贼贤失政之端，由是滋矣"。更何况这时还有老臣狐偃、先轸在。晋文公竟然也"疏而不咨，外而不求""卒定于内竖"，体现了文公对军国大事的率意而行，不慎思而断的做法。最后又用了一句反问"其可以为法乎？"语气坚定，答在问中，耐人寻味。

且晋君将袭[1]齐桓之业，以翼[2]天子，乃大志也。然而齐桓任管仲以兴[3]，进竖刁以败[4]。则获原启疆[5]，适其始政[6]，所以观示诸侯[7]也，而乃背其^[8]所以兴，迹^[9]其所以败。然而能霸诸侯者，以土则大，以力则强，以义则天子之册也，诚畏之矣，乌能得其心服哉？其后景监^[10]得以相卫鞅^[11]，弘、石得以杀望之^[12]，误之者晋文公也。

注释：

[1] **袭**：因袭、继承。

[2] **翼**：辅佐。名词作动词。

[3] **任管仲以兴**：周庄王十一年（公元前 686 年），齐桓公立，鲍叔牙告诉齐桓公，如果要治理齐国，有他和另一位大臣高傒就足够了；但若要称霸天下，则非管仲不可。齐桓公采纳了鲍叔牙的建议，并任命管仲为宰相。自用管仲而齐国大治，七年而称霸诸侯，实现了"九合诸侯，一匡天下"。管仲，字仲，名夷吾，颍上（今安徽省颍上县）人，齐国政治家。

[4] **进竖刁以败**："进"同前文的"任"，也是任用、信任的意思。齐桓公四十一年（公元前 645 年），管仲病，桓公问竖刁、易牙、开方三人谁可为相，管仲皆言不可。桓公不听，任用这三个人。结果三人专权，因内宠，杀群吏，擅废立，齐国大乱。

[5] **获原启疆**：得到原邑，开拓疆土。

[6] **始政**：为政的开始。

[7] **观示诸侯**：向诸侯展示为政的决心、措施与效果。观，给人看，显示。示，让……看。

[8] **其**：指齐桓公。

[9] **迹**：追随、追踪。

[10] **景监**：秦孝公的宦官、宠臣。曾经向秦孝公引荐了商鞅，帮助商鞅三次劝说秦孝公，成功地为商鞅变法铺路。

[11] **相卫鞅**：推荐卫鞅担任秦孝公的相。相，推荐而使……为相。卫鞅，姬姓，公孙氏，名鞅，卫国人。战国时期政治家、改革家，法家

代表人物，卫国国君后代。后被秦孝公赐予商於十五邑，号为"商君"，史称为商鞅。

[12] **弘、石得以杀望之**：弘恭、石显是汉宣帝、汉元帝时期的宦官，自宣帝时掌握了中枢权力。望之，即萧望之，汉元帝的老师，是汉元帝初期的辅政重臣，因上书反对宦官专权，得罪宦官弘恭和石显，被迫狱中自杀。

讲疏：

这一段主要写晋文公的失误产生巨大的流弊和影响。在论证中，柳宗元还列举了一些古时宦官祸国害政的事例。就当时情况而言，晋文公"以土则大，以力则强，以义则天子之册也"，值此"获原启疆"之际，承袭齐桓霸业，正是大展宏图、树威诸侯、领袖群伦的绝好良机，但是，他听取阉宦之言，令人不能心悦诚服。作者还引证"齐桓任管仲以兴，进竖刁以败"佐证举贤荐能关乎国脉盛衰兴废和谋及嬖近的危险。还举出了秦国的景监、汉代的弘恭和石显等专权的情况，之后点明了这都是晋文公的错误行为在后世带来的影响。

呜呼！得贤臣以守大邑，则问非失举也 [1]，盖失问 [2] 也。然犹 [3] 羞当时陷后代若此，况于问与举又两失者，其何以救之哉？余故著 [4] 晋君之罪，以附 [5]《春秋》许世子止、赵盾 [6] 之义 [7]。

注释：

[1] **则问非失举也**：通过咨询来举荐赵衰这个贤臣为守并不错。

[2] **失问**：指问的对象是错误的，即不当问宦官。

[3] **犹**：尚、尚且。

[4] **著**：使显著、明显，使明了。

[5] **附**：依从、比附、附和。

[6] **许世子止、赵盾**：这是两个典故，均为弑君之事。一是子弑父。《左传·昭公十九年》载，春秋时，许国的君主患疟疾，吃许世子止的药

就死了，世子止逃到晋国。《春秋》记载为"弑其君"。这里的"世子"是古代对天子、诸侯的嫡长子的称谓。"止"是许悼公嫡长子的名。另一是臣弑君。《左传·宣公二年》载，正卿赵盾为避晋灵公杀害出逃，未出境，族人杀灵公于桃园。因其"亡不出境，返不诛国乱"，太史董狐写了"赵盾弑其君"。

[7] 义：精神和义理，此处指《春秋》笔法的褒贬之义。

讲疏：

最后的部分点题明义，作者依照《春秋》褒贬之义，断言晋文公负有开后世宦官干政恶例的政治罪责。柳宗元揭露晋文公的过错，是要与《春秋》斥责许国太子止弑父君、赵盾弑晋灵公的义理相比附的。再联系唐朝永贞之变的前后史实，柳宗元这是在暗喻唐宪宗和宦官俱文珍弑逆唐顺宗之事。为避人眼目，柳宗元特意在引用许国太子止弑父君之后，附带上赵盾弑晋灵公的事情作为掩饰。

参考译文：

晋文公从周襄王那里受封原邑之后，在选谁来担任原守上犯难了。于是向近侍宦官勃鞮咨询，后来根据勃鞮的推荐，把原交给了赵衰来治理。

我认为，镇守原邑是国家政务中的重大事件。只要治理好了原邑，才算得上顺承了天子诏命，才能树立霸主的威严，才能对诸侯召唤、传令。对于这样的大事，不应该和服侍自己的宦官小臣讨论，从而侮辱了天子的命令。而晋侯的重大人事抉择，不在朝会上公开讨论，却在自己的寝宫里秘密商议；不向辅政大臣广泛征求意见，却只是和阉宦商量。虽然或许赵衰的才干足以守卫原邑，国家的政事不因此而败坏，但这样伤害贤臣祸乱国政的发端，却由此而滋生蔓延了。况且当时并不缺乏可以与之探讨国事的能臣呀？狐偃这样聪明才智的人为国家出谋划策，先轸这样的名将统率着国家的主力部队，晋侯却把他们抛在一边，不向他们询问，疏远排斥他们，不向他们求教，最后却由身边的宦官小臣来决定国家大事。这怎么值得效法呢？

况且晋侯想要继承齐桓公的事业，辅佐周天子，这是一个远大的志向。既然这样，就应该知道齐桓公因为任用管仲才得以兴旺，因为进用竖刁而招致失败。那么晋侯现在获得了原邑，开拓了疆土，正是他施展政治抱负的开始，也可以以此来观察各个诸侯的反应。现在晋侯却违背了齐桓公兴盛的道路，沿着他失败的道路走下去了。然而这时晋文公虽然也能当诸侯的霸主，是因为他晋国土地广阔，国力强盛，又有天子册封的大义名分，诸侯服从晋侯，实在是怕他而已，怎么可能是心服呢？后来秦国的宦官景监能够推荐商鞅为相，汉代的宦官弘恭、石显得以杀害萧望之，都是晋文公的错误行为带来的。

唉！得到贤能的大臣来守卫原邑，这次咨询并没有漏掉该举荐的人，而错误在于是向阉宦咨询而不是向外面的贤臣咨询。然而这样做会使当时的人感到耻辱，给后代也带来祸害，何况在咨询和推荐人才上都没能做好，那还能靠什么来补救呢？所以我写这篇文章使晋文公的过错更显著，以附和《春秋》中记载的许世子止和赵盾之事时的精神和义理。

文史共读：《左传·僖公二十五年·晋文公伐原示信》

冬[1]，晋侯围原[2]，命三日之粮[3]。原不降，命去[4]之。谍[5]出，曰："原将降矣。"军吏曰："请待之。"公曰："信，国之宝也，民之所庇[6]也。得原失信，何以庇之？所亡滋多。"退一舍[7]而原降。迁原伯贯于冀[8]。赵衰为原大夫[9]，狐溱[10]为温大夫。

晋侯问原守于寺人勃鞮[11]。对曰："昔赵衰以壶飧[12]从，径[13]，馁[14]而弗食。"故使处[15]原。

注释：

[1] **冬**：鲁僖公二十五年即公元前635年的冬天。

[2] **晋侯围原**：原人不服从晋，故晋文公围原。

[3] **命三日之粮**：下令准备三天的军粮，预期在三天内攻下。

[4] **去**：离开。

[5] **谍**：间谍、侦察员。

[6] **庇**：荫庇、庇护。

[7] **退一舍**：后退三十里。古代行军三十里为一舍。

[8] **迁原伯贯于冀**：把原伯贯流放到冀。迁，流放、放逐。原伯贯，为周襄王守原的大夫叫作贯。冀，春秋诸侯国名，灭于晋，在今山西河津一带。

[9] **原大夫**：原守。下文"温大夫"是温守，"原"和"温"都是地名。

[10] **狐溱（zhēn）**：晋国贤臣狐毛的儿子。

[11] **寺人勃鞮**：寺人披。

[12] **壶飧（sūn）**：壶盛的汤饭熟食。飧，指晚饭，泛指熟食、饭食。

[13] **径**：走小路。

[14] **馁（něi）**：饥饿。

[15] **处**：治理、管理。

参考译文：

这年冬季，晋文公包围了原邑，命令携带三天的粮食。三天到了，原人还不肯投降，晋文公命令军队撤围离开。这时，侦察人员从围城里出来，说："原人将要准备投降了。"军官说："请等待原人投降吧。"晋文公说："信用，是国家的宝贝，是百姓所赖以庇护的。得到了原，却失去了信用，将用什么来庇护百姓呢？这样我们所失去的就更多了。"军队退后了三十里而原人投降。晋文公把原伯贯迁移到冀。任命赵衰为原大夫，狐溱为温大夫。

晋文公向寺人勃鞮询问镇守原地的人选。勃鞮回答说："以前赵衰用壶盛着汤饭熟食跟随您，他走小路与您失散了，他饿了也不去吃它。"所以晋文公任命赵衰为原大夫来治理原邑。

忠与遇：文史并重的双料高手欧阳修

贾谊不至公卿论

宋·欧阳修

题解：

　　贾谊，西汉初的政论家和辞赋家，博学而有才华，十八岁就誉满洛阳，二十多岁即被汉文帝召为博士，并超迁至太中大夫，并欲任为公卿。但他遭到功臣周勃、灌婴等诽谤，出任长沙王太傅，后"以失志忧伤而横夭"，年仅33岁。对于贾谊的遭遇，后代说法大体有两种：一是认为汉文帝不重视人才；二是为皇帝辩解，归咎贾谊短命。著《汉书》的班固是持后一种看法的代表人物。欧阳修则力斥班固的观点，指出贾谊不至公卿的根本原因在于"文帝之远贤"，不能择贤而用。其实这是作者针对宋王朝积贫积弱的局面有感而发，希望皇帝能够以史为鉴，招纳贤才，改革弊政，扭转当时的被动局面。

　　论曰：汉兴，本恭俭、革弊末、移风俗之厚者，以孝文为称首；议礼乐、兴制度、切当世之务者，惟贾生为美谈。天子方忻然说之，倚以为用，而卒遭周勃、东阳之毁，以谓儒学之生纷乱诸事，由是斥去，竟以忧死。班史赞之以"谊天年早终，虽不至公卿，未为不遇"。

　　予切惑之，尝试论之曰：孝文之兴，汉三世矣。孤秦之弊未救，诸吕之危继作，南北兴两军之诛，京师新喋血之变。而文帝由代邸嗣汉位，天下初定，人心未集，方且破觚斫雕，衣绨履革，务率敦朴，推行恭俭。

故改作之议谦于未遑，制度之风阙然不讲者，二十余年矣。而谊因痛哭以悯世，太息而著论。况是时方隅未宁，表里未辑。匈奴桀黠，朝那、上郡萧然苦兵；侯王僭拟，淮南、济北继以见戮。谊指陈当世之宜，规画亿载之策，愿试属国以系单于之颈，请分诸子以弱侯王之势。上徒善其言，而不克用。

又若鉴秦俗之薄恶，指汉风之奢侈，叹屋壁之被帝服，愤优倡之为后饰。请设庠序，述宗周之长久；深戒刑罚，明孤秦之速亡。譬人主之如堂，所以忧臣子之礼；置天下于大器，所以见安危之几。诸所以日不可胜，而文帝卒能拱默化理，推行恭俭，缓除刑罚，善养臣下者，谊之所言，略施行矣。故天下以谓可任公卿，而刘向亦称远过伊、管。然卒以不用者，得非孝文之初立日浅，而宿将老臣方握其事，或艾旗斩级矢石之勇，或鼓刀贩缯贾竖之人，朴而少文，昧于大体，相与非斥，至于谪去。则谊之不遇，可胜叹哉！

且以谊之所陈，孝文略施其术，犹能比德于成、康。况用于朝廷之间，坐于廊庙之上，则举大汉之风，登三皇之首，犹决壅穿坠耳。奈何俯抑佐王之略，远致诸侯之间！故谊过长沙，作赋以吊汨罗，而太史公传于屈原之后，明其若屈原之忠而遭弃逐也。而班固不讥文帝之远贤，痛贾生之不用，但谓其天年早终。且谊以失志忧伤而横夭，岂曰天年乎！则固之善志，逮与《春秋》褒贬万一矣。谨论。

注释与讲疏：

论曰 [1]：汉兴，本恭俭 [2]、革弊末 [3]、移风俗之厚 [4] 者，以孝文为称首 [5]；议礼 [6] 乐 [7]、兴制度、切 [8] 当世之务者，惟贾生为美谈。天子方忻然说 [9] 之，倚 [10] 以为用，而卒遭周勃、东阳之毁 [11]，以谓儒学之生纷乱诸事，由是斥去，竟以忧死 [12]。班史 [13] 赞 [14] 之以"谊天年 [15]

早终，虽不至公卿 [16]，未为不遇 [17]"。

注释：

[1] **论曰**：科举应试论文开始时的格式，大概相当于现代问答题的"答"字。

[2] **本恭俭**：以恭敬、俭朴为本。本，提倡，以……为根本，意动用法。

[3] **革弊末**：革除前代残余的弊端。弊末，弊端。

[4] **移风俗之厚**：将风俗移向淳厚、质朴。之，去、向。厚，淳朴。

[5] **以孝文为称首**：应当首推汉文帝。孝文，汉文帝刘恒（公元前180—公元前157年在位），是西汉初年"文景之治"的奠基者。首，第一。

[6] **礼**：古代规定社会行为的法则、规范、仪式。

[7] **乐**：音乐。古人认为音乐可以合和万民。

[8] **切**：切中，附和，相合。

[9] **说**：通"悦"，高兴。

[10] **倚**：依靠、依托、凭借。

[11] **毁**：无中生有地说别人坏话。

[12] **竟以忧死**：最终因为忧愤而早死。竟，终究、终于、最后。

[13] **班史**：指班固的《汉书》。

[14] **赞**：评论，评价；传记后的评论。

[15] **天年**：指人的自然寿命。

[16] **公卿**：三公九卿的简称，泛指高官。

[17] **遇**：特指得到君主的信任。

讲疏：

第一段为序论部分，主要是提出论点、提出问题，即遇与不遇、遇人与遇时与否的问题。作者交代历史背景，表明汉文帝能在汉代皇帝中

"称首"，与贾谊"议礼乐，兴制度，切当世之务"密不可分。本段点明贾谊不至公卿的原因是汉初崇尚黄老之术，不重儒学，周勃、张相如等武将的排斥，"竟以忧死"。这一事实与班固"谊天年早终""未为不遇"的说法形成鲜明对照，表明班固的论断不符合事实，站不住脚。

予切惑之 [1]，尝试论之曰：孝文之兴，汉三世 [2] 矣。孤秦之弊未救 [3]，诸吕之危继作 [4]，南北兴两军之诛 [5]，京师新蹀血 [6] 之变。而文帝由代邸嗣汉位 [7]，天下初定，人心未集，方且破觚斫雕 [8]，衣绨 [9] 履革 [10]，务率 [11] 敦朴，推行恭俭。故改作之议谦 [12] 于未遑 [13]，制度之风阙然 [14] 不讲 [15] 者，二十余年 [16] 矣。而谊因痛哭以悯世，太息而著论 [17]。况是时方隅未宁 [18]，表里未辑 [19]。匈奴桀黠 [20]，朝那、上郡萧然苦兵 [21]；侯王僭拟，淮南、济北继以见戮 [22]。谊指陈当世之宜，规画亿载之策，愿试属国 [23] 以系 [24] 单于 [25] 之颈，请分诸子以弱侯王之势。上徒善其言，而不克用。

注释：

[1] **予切惑之**：我对此十分困惑不解。切，深、深切。

[2] **三世**：汉文帝即位时，汉已经历了高祖、惠帝二世。

[3] **孤秦之弊未救**：指还没来得及着手革除秦朝遗留下来的弊端。孤秦，即秦朝，指秦的暴政。救，阻止、禁止。

[4] **诸吕之危继作**：指吕太后执政晚年，吕禄、吕产等人谋篡汉位之举。

[5] **南北兴两军之诛**：指周勃等人诛吕安刘的事迹。

[6] **蹀（dié）血**：踩血而行，形容杀人之多。蹀，踩踏。

[7] **文帝由代邸嗣汉位**：刘恒从代王府到长安即帝位。代邸，代王府第。文帝即位前为代王。代，地名，今河北蔚县一带。邸，本义指古代官员或侯王为朝见而在京城设置的住所。嗣，继承。

[8] **破觚（gū）斫（zhuó）雕**：比喻删繁杂而从简易，去浮华而尚质朴。觚，多棱角的器物，这里比喻严刑峻法。斫，砍、破除。雕，装饰。

[9] **衣绨（tì）**：穿粗糙的丝织品。绨，一种粗粝的丝。

[10] **革**：此处应指未进行精细加工过的兽皮做的鞋子。

[11] **率**：遵循、依从。

[12] **谦**：谦虚、谦逊、不自满。后引申为对自己的失误或不完善表示愧歉不安，后也引申为虚心。

[13] **未遑（huáng）**：没有闲暇，来不及。遑，同"皇"，空暇。

[14] **阙然**：荒废的样子。阙，通"缺"。

[15] **讲**：讲求、重视。

[16] **二十余年**：从汉高祖建国至汉文帝即位，共二十二年。

[17] **而谊因痛哭以悯世，太息而著论**：贾谊担任梁怀王太傅时，忧虑世事而痛哭，上《治安策》。太息，叹息。

[18] **方隅（yú）未宁**：四方边境还没有安宁。方隅，四方八隅。

[19] **表里未辑**：内外还没有安定。表里，内外。辑，安定、和睦。

[20] **桀（jié）黠（xiá）**：指匈奴凶悍而狡诈。

[21] **朝那、上郡萧然苦兵**：朝那、上郡等地苦于战争带来的萧条景象。朝那，地名，故址在今甘肃平凉市西北。上郡，汉代郡名，故址在今陕西绥德县东南。萧然，萧条的样子。苦兵，苦于战争，苦是意动用法。

[22] **侯王僭（jiàn）拟，淮南、济北继以见戮**：汉初大封同姓诸侯王，这些诸侯王僭越礼制，威胁中央，淮南王刘长、济北王刘兴居，都因谋反事败而相继被杀。僭，超越本分，指地位在下的冒用地位在上者的名义或礼仪、器物等。拟，效法、模仿，以对方为标准进行模仿。

[23] **属国**：典属国，汉代官名，主管与外族交往的事务。

[24] **系**：此处是攻击并将其捆绑的意思。

[25] **单（chán）于**：匈奴的君主。

讲疏：

这一部分讲了汉初的情况，阐明了贾谊提出治国之策的时代背景。即位于动乱之际的汉文帝却对贾谊的治国之策，"徒善其言，而不克用"，这是贾谊"不遇"的实例。汉文帝即位时，汉朝虽然已经高祖、惠帝二世，但内忧外患交迫。作者以秦暴政未纠，诸吕谋乱，太尉周勃骗得印信，斩南军统领，尽杀诸吕，制造"京师新蹀血之变"为例说明，文帝即位于动乱之际，"天下初定，人心未集"，立足未稳，危机四伏。其外部是匈奴侵扰，边境不宁，战乱地区荒凉残败；内部是"侯王僭拟"，为所欲为，野心勃勃。就在文帝即位前三年，淮南、济北两王因谋叛失败，"继以见戮"。作者列举这些事实，借以阐明汉文帝应该接受汉兴以来"改作之议谦于未遑，制度之风阙然不讲"的历史教训，招贤纳谏，图谋治国，然而对贾谊只是"徒善其言，而不克用"。贾谊则"痛哭以悯世，太息而著论"，不仅指陈当世之宜，还规划长治久安之策，并愿亲任典属国之官，以平外患，削弱侯王势力以除内忧。其耿耿忠心却"不克用"，此"不遇"于时也。

又若鉴 [1] 秦俗之薄恶，指汉风之奢侈，叹屋壁 [2] 之被帝服，愤优倡 [3] 之为后饰。请设庠序 [4]，述 [5] 宗周之长久；深戒刑罚，明 [6] 孤秦之速亡。譬 [7] 人主之如堂 [8]，所以忧臣子之礼；置天下于大器，所以见安危之几 [9]。诸所以 [10] 日不可胜，而文帝卒能拱默化理 [11]，推行恭俭，缓除刑罚，善养臣下者，谊之所言，略 [12] 施行矣。故天下以谓可任公卿，而刘向亦称远过伊、管 [13]。然卒以不用者，得非孝文之初立日浅，而宿将老臣方握其事，或 [14] 艾旗 [15] 斩级 [16] 矢石之勇，或鼓刀 [17] 贩缯 [18] 贾竖 [19] 之人，朴 [20] 而少文，昧 [21] 于大体，相与非斥，至于谪 [22] 去。则谊之不遇，可胜叹哉！

注释：

[1] 鉴：鉴戒、借鉴，指以秦朝的坏风俗为戒。

[2] 屋壁：指房屋的夹墙，此处代指普通百姓。

[3] **优倡（chāng）**：指宫廷优伶之辈。

[4] **庠（xiáng）序**：古代乡里一级的学校。

[5] **述**：继承、传承。

[6] **明**：借鉴、明鉴，使……观察敏锐而判断正确。

[7] **譬**：打比方、比喻。

[8] **堂**：大堂，此处把人主比作大堂。

[9] **几**：征兆。

[10] **诸所以**：贾谊在阐述治国策略时，喜欢使用"所以"一词。

[11] **拱默化理**：拱着手默无所言地实施教化，治理国家，这里指无为而治的主张。

[12] **略**：大致、略微。

[13] **伊、管**：伊尹、管仲，均是古代贤相。

[14] **或**：有的、有人，下同。

[15] **艾（yì）旗**：战场上砍倒或夺取敌人军旗。艾，同"刈"。

[16] **斩级**：斩掉敌兵首级（人头），古代战争以杀多少敌人论功。

[17] **鼓刀**：舞刀，指屠夫。

[18] **贩缯（zēng）**：贩卖丝织品。贩，做买卖的商贩。缯，一种丝织品，这里是对丝织品的统称。

[19] **贾竖**：对商人的蔑称。刘邦部下多出身下层，樊哙曾做屠夫，灌婴曾贩缯做生意，周勃曾为吹鼓手，都缺少文化知识，不懂大局，排斥贾谊。

[20] **朴**：质朴。

[21] **昧**：愚昧、糊涂、不明白。

[22] **谪（zhé）**：贬官或被流放。

讲疏：

这一部分是从汉文帝"略施"贾谊之策的效果来考察贾谊的"不遇"，阐明贾谊胜任公卿而有余，却横遭谗毁。贾谊任梁怀王太傅时，曾上《治安策》，作者引述其要，表明贾谊"鉴秦俗之薄恶，指汉风之奢侈"，以历史为鉴，针砭时弊，提出了"推行恭俭，缓除刑罚，善养臣下"、兴礼义、施教化的一系列建议。"略施"其策就使"孝文为称首",有如此成效,无怪乎"天下以谓可任公卿,而刘向亦称远过伊、管"。作者引证上述议论,赞扬贾谊之贤能不但可胜任公卿,而且超过古代贤相伊尹、管仲。然而由于文帝"初立日浅"、权力握在宿将老臣手中,他们或出身下层,或只有武夫之勇,不懂政治,缺少文化,排斥贾谊,而使其"卒以不用""至于谪去"。贾谊之不遇于时及其原因得到了充分的论证,作者情不自禁地慨叹:"谊之不遇,可胜叹哉!"

且以谊之所陈,孝文略施其术,犹能比德于成、康 [1]。况用于朝廷之间,坐于廊庙 [2] 之上,则举大汉之风,登三皇 [3] 之首,犹决壅稗坠 [4] 耳。奈何俯抑 [5] 佐王之略,远致诸侯之间 [6]!故谊过长沙,作赋以吊汨罗 [7],而太史公 [8] 传于屈原之后,明其若屈原之忠而遭弃逐也。而班固不讥 [9] 文帝之远贤,痛 [10] 贾生之不用,但谓其天年早终。且谊以失志忧伤而横 [11] 夭,岂曰天年乎!则固之善志,逮 [12] 与《春秋》[13] 褒贬万一 [14] 矣。谨论。

注释:

[1] **比德于成、康**:德行可以跟周成王、周康王的功德相媲美。

[2] **廊庙**:指朝廷。

[3] **三皇**:上古帝王。

[4] **决壅(yōng)稗(bài)坠**:比喻容易办到。决壅,决堤放水。稗坠,稗草成熟后的籽粒容易脱落。

[5] **俯抑**:压迫、抑制。

[6] **远致诸侯之间**:指把贾谊远远地贬谪为长沙王太傅和梁怀王太傅。致,送到。

[7] **作赋以吊汨(mì)罗**:指贾谊贬为长沙王太傅时作《吊屈原赋》。汨罗,湘江支流,发源于江西,流入湖南。屈原投汨罗江自杀。

[8] **太史公**:指司马迁,他著的《史记》中有《屈原贾生列传》,将贾谊和屈原放在一起立传,大有深意。

[9] 讥：批评。

[10] 痛：痛惜。

[11] 横：意外，突然，出乎意料。

[12] 逮（dài）：及，赶上。

[13]《春秋》：原为鲁国的史书，传为孔子修订，后世奉为经典，很注意对人物的评价，一字一句都含着表扬或贬斥。

[14] 万一：指班固书写历史，在评价人物方面，与《春秋》的褒贬手法比起来，仅能及《春秋》的万分之一。

讲疏：

最后一段为结论部分，分析不遇于人。作者用类比、假设、比喻等方法总结上文，高度赞誉"谊之所陈"，批评汉文帝"俯抑佐王之略，远致诸侯之间"，并以《史记》为据，说明贾谊"若屈原之忠而遭弃逐"，"谊之不遇"已白纸黑字载入史册，不容置疑。作者还批评班固"不讥文帝之远贤，痛贾生之不用"，谊之"早终"，是"以失志忧伤而横夭"，并讽刺其所谓的"善志"，其是非褒贬不及《春秋》之万一。

参考译文：

议论如下：汉朝建立以后，以谦恭节俭为根本，革除弊政，使风俗趋于淳厚的，应当首推汉文帝；而讨论礼义乐章，制定新的制度，切中当务之急的，只有贾谊最被人称道。正当汉文帝非常喜欢贾生，依靠他，重用他的时候，贾谊却突然遭到周勃、东阳侯张相如等人的毁谤，说他这个儒生把各种事情都弄乱了。因此，他被排斥，离开京城，终于忧愤而早死。班固的《汉书》评价他说"贾谊天命寿短早死，尽管没有做到公卿的地位，也不算遭遇不好"。

我很怀疑这个评价，且试着讨论一下吧：汉文帝即位，汉朝已经传了三代。还没来得及着手革除秦朝遗留下来的弊端，诸吕篡位的危险又接着产生了。太尉周勃等夺得南北两军军权，诛杀诸吕，京城爆发了大型流血事件。就在这时，汉文帝从代王府到长安继承了汉朝的皇位。这时天下刚刚安定，人心还不统一，汉文帝正准备革除奢侈用品，穿粗衣粗鞋，一心提倡敦厚朴实，推行谦恭节俭。所以他没有空暇来改革旧的礼仪制度，建立新的礼仪制度，从汉朝成立以来二十多年都没有来得及研究这些事情呢。于是，贾谊感伤世事而痛哭长叹，写下了许多政论。况且，当时四方还没有太平，内外都不安定：匈奴凶悍狡诈，不断侵扰，朝那、上郡等地被战争弄得残破荒凉；诸侯王也不守规矩，胡作非为，淮南王、济北王都因叛乱而被杀。贾谊便陈述了适合当时的措施，规划了长治久安的策略：他愿意担任典属国，试着用计谋制服匈奴的单于；又请求分封诸侯王的庶子，逐步地削弱诸侯王的势力。可是，汉文帝只是称赞他的言论，最终却没有采用。

又如，他提出要以秦代苛刻的恶劣风俗为鉴戒，指出汉代还存在的奢侈风气，感叹平民穿得像帝王一样，痛恨倡优打扮得如同皇后。他请求设立学校，以继承周朝长久存在的经验；建议非常审慎地使用刑罚，以借鉴秦朝迅速灭亡的教训。他又把人主比作大堂，（大臣比作台阶，百姓比作基地）劝皇帝对待大臣和百姓讲究礼节；还把天下比作重要器皿，应该放在安全的地方，不应放在危险的所在，劝皇帝及早察觉安危的征兆。他向朝廷呈献的建议，每天都不间断。汉文帝最终能够不动声色地使天下潜移默化，得到治理，推行谦恭节俭，减轻刑罚，客气地对待大臣百姓，其原因便在于将贾谊的建议略略施行了一部分。所以天下的人都认为贾谊可以担任公卿，后来刘向也称赞他远远超过了伊尹和管仲。但是，最终不能重用贾谊的原因，难道不是因为汉文帝即位日子不久，国家大权还掌握在宿将老臣手中吗？这些人有的是夺旗杀敌冒死冲锋的勇夫，有的是宰牲口、贩布匹、做生意的商人，他们简单粗疏，缺少文化，不了解大局，互相结合在一起非难、排斥贾谊，直到把贾谊贬谪到远方。这么看来，贾谊的不幸遭遇，真叹息不尽啊！

而且，贾谊所陈述的治国方法，汉文帝只稍微用了一下，就能够把天下治理得可以跟周成王、周康王的功德比美；如果能够让贾谊在朝廷担任公卿，决定国家大事，那么使汉朝的风尚远远超过三皇时代，就像决堤放水、稗草成熟后籽粒脱落一样容易。为什么要压抑他辅佐帝王实行王道的雄才大略，而把他远远地送到诸侯国中去呢？所以，贾谊贬到长沙时，作赋吊念自沉汨罗的屈原；司马迁把贾谊传写在屈原传之后，表明贾谊像屈原一样忠诚却遭到了贬谪驱逐。可是，班固不批评汉文帝疏远贤才，不痛惜贾生不被重用，却说他命里寿短才早早死亡。再说，贾谊是因为失意忧伤才意外夭折的，怎么能说他是天生寿短呢？由此看来，班固号称善于写史书，大概在褒贬人物方面只赶得上《春秋》的万分之一吧！我很恭敬地写下这些议论。

文史共读之一：《史记·屈原贾生列传》节选

贾生[1]名谊，洛阳人也。年十八，以能诵诗属书[2]闻于郡中。吴廷尉为河南守[3]，闻其秀才[4]，召置门下，甚幸爱。孝文皇帝初立，闻河南守吴公治平[5]为天下第一，故与李斯同邑而常[6]学事焉，乃征[7]为廷尉。廷尉乃言贾生年少，颇通诸子百家之书。文帝召以为博士[8]。

注释：

[1] **生**：古时对读书人的通称。

[2] **属（zhǔ）书**：连缀文辞，即写文章。属，连缀。

[3] **吴廷尉为河南守**：此指一位姓吴的官员，下文"吴公"也是这个人。在未提拔为廷尉前，曾任河南郡郡守。廷尉，官名，九卿之一，掌刑狱。

[4] **秀才**：美才，高才。这里的秀才是说才学优秀，不是后来举士的秀才。

[5] **治平**：治理地方平和安定，这里是就其治理州郡的才干而言的。

[6] **常**：同"尝"，曾经。

[7] **征**（zhēng）：征召。

[8] **博士**：官名，上属太常。其职责主要是掌管图书，通古今，以备顾问。

　　是时[1]贾生年二十余，最为少。每诏令议下，诸老先生不能言，贾生尽为之对，人人各如其意所欲出。诸生于是乃以为能不及也。孝文帝说[2]之，超迁[3]，一岁中至太中大夫[4]。

注释：

[1] **是时**：这时。

[2] **说**：通"悦"。

[3] **超迁**：破格提拔，越级提拔。

[4] **太中大夫**：官名，上属郎中令，秩比千石，职掌议论。贾谊为太中大夫在文帝元年，即公元前 179 年，当时贾谊年仅 22 岁。

　　贾生以为汉兴至孝文二十余年，天下和洽，而固当改正朔[1]，易服色[2]，法[3]制度，定官名[4]，兴礼乐[5]，乃悉草具其事仪法[6]，色尚黄，数用五[7]，为官名，悉更秦之法。孝文帝初即位，谦让未遑[8]也。诸律令所更定，及列侯悉就国，其说皆自贾生发[9]之。于是天子议以为贾生任公卿之位。绛[10]、灌[11]、东阳侯[12]、冯敬[13]之属尽害[14]之，乃短[15]贾生曰："雒阳[16]之人，年少初学，专欲擅权，纷乱诸事。"于是天子后亦疏之，不用其议，乃以贾生为长沙王太傅[17]。

注释：

[1] **改正朔**：古代改朝换代时，新王朝为表示"应天承运"，都要重定正朔，改用新的历法。正，农历每年的第一个月。朔，农历每月的第

一天。

[2] **易服色**：改变秦朝规定的朝会或各种典礼所用的官服车马器用的颜色。秦朝是尚黑的，而贾谊认为汉以土德王，应为黄色。

[3] **法**：制定、订立，名词用作动词。

[4] **定官名**：重新确定官名。

[5] **兴礼乐**：创作汉家祭祀天地宗庙之礼仪与音乐。兴，创办、兴办。

[6] **乃悉草具其事仪法**：于是他详尽地草拟并准备了上述这些事情的仪式、办法。悉，尽、详尽。草，拟草稿、起草、创造。具，准备。其事仪法，即指上述各项事情的仪式、办法。

[7] **数用五**：以"五"为吉数。官位印章也是用五个字，如果不足五个字的，加"之"字凑齐，如丞相是"丞相之印章"。因为土在五行中位居第五，故贾谊主张汉朝印文皆五字为例。

[8] **未遑**：又作"未皇"，无暇，顾不上，来不及。

[9] **发**：指首先提出。

[10] **绛**：绛侯周勃。

[11] **灌**：灌婴，封颍阴侯，汉文帝时任太尉、丞相。

[12] **东阳侯**：张相如。

[13] **冯敬**：当时任御史大夫。

[14] **害**：指因担心对自己不利而忌妒。

[15] **短**：指责别人的缺点、过失。

[16] **雒阳**：洛阳。

[17] **长沙王太傅**：长沙国是当时唯一的一个异姓（非刘氏）王国，从来是安分守法的王国。贾谊被贬谪到长沙时，正是长沙靖王吴著（吴芮的后代）在位。

贾生既辞往行，闻长沙卑湿，自以寿不得长，又以适 [1] 去，意不自得。及渡湘水，为赋以吊 [2] 屈原 [3]。……

注释：

[1] 适：通"谪（zhé）"，贬官或流放。

[2] 吊：凭吊，追怀。

[3] 屈原：战国时期楚国诗人、文学家。

后岁余 [1]，贾生征见 [2]。孝文帝方受釐 [3]，坐宣室 [4]。上因感鬼神事，而问鬼神之本。贾生因具道所以然之状。至夜半，文帝前席 [5]。既罢，曰："吾久不见贾生，自以为过之，今不及也。"居顷之，拜 [6] 贾生为梁怀王太傅。梁怀王，文帝之少子，爱，而好书，故令贾生傅之。

注释：

[1] 后岁余：指汉文帝七年，即公元前 173 年。

[2] 征（zhēng）见：受诏见。

[3] 受釐（xǐ）：祭祀后以祭余之肉归致皇帝，以示受福。釐，祭祀用过的肉。

[4] 宣室：未央宫前正室，是皇帝斋戒之处。

[5] 前席：指向贾谊座席前靠近，形容入迷听讲。

[6] 拜：授予官爵。

文帝复封淮南厉王 [1] 子四人皆为列侯 [2]。贾生谏，以为患之兴自此起矣。贾生数上疏，言诸侯或连数郡，非古之制，可稍 [3] 削之。文帝不听。

注释：

[1] 淮南厉王：淮南王刘长，汉高祖刘邦少子，文帝异母弟，文帝六年（公元前 174 年），以谋反被放逐，死于入蜀途中。至文帝八年（公元前 172 年），又封刘长的四个儿子为侯，至文帝十二年（公元前 168 年）

又以其三子为王。

[2] **列侯**：古代爵位名，始见于战国。秦称彻侯，居二十等爵制之首。西汉沿置，然为避刘彻讳而改称列侯，又称通侯。西汉时期，列侯为王以下的最高爵位．

[3] **稍**：逐渐，渐渐。

居数年[1]，怀王骑，堕马而死，无后。贾生自伤[2]为傅无状[3]，哭泣岁余，亦死。贾生之死时年三十三[4]矣。

注释：

[1] **居数年**：过了几年。怀王堕马而死在汉文帝十一年，即公元前169年。

[2] **自伤**：内疚，自己惭愧。

[3] **无状**：不称职，未尽到责任。

[4] **生之死时年三十三**：贾谊死的时候年仅33岁。

参考译文：

贾生名叫贾谊，是洛阳人。在18岁时就因诵读诗书会写文章而闻名当地。吴廷尉担任河南郡守时，听说贾谊才学优异，就把他召到衙门任职，并非常器重。汉文帝刚即位时，听说河南郡守吴公政绩卓著，为全国第一，而且先前和秦丞相李斯是同乡，又曾经向李斯学习过，于是就征召他担任廷尉。吴廷尉就说贾谊年轻有才，能精通诸子百家的学问。这样，汉文帝就征召贾谊，让他担任博士之职。

当时贾谊才二十多岁，在博士中最为年轻。每当下诏令让博士讨论一些问题时，那些年长的老先生都不能应对，贾谊却都能一一回答，人人都觉得说出了自己想说的话。这些博士都认为才能比不上贾生。汉文帝也非常喜欢他，对他破格提拔，一年之内就升任太中大夫。

　　贾谊认为从汉朝建立到汉文帝时已有二十多年了，天下太平，正是应该改正历法、变易服色、订立制度、决定官名、振兴礼乐的时候，于是他详尽地草拟并准备了上述各种事项的仪式、办法，崇尚黄色，以"五"为吉数，创设官名，完全改变了秦朝的旧法。汉文帝刚刚即位，谦虚退让而来不及实行。但此后各项法令的更改，以及诸侯必须到封地去上任等事，这些主张都是贾谊先提出来的。于是汉文帝就和大臣商议，想提拔贾谊担任公卿之职。而绛侯周勃、灌婴、东阳侯、冯敬这些人都嫉妒他，就指责贾谊说："这个洛阳人，年纪轻轻而学识浅薄，一心只想独揽大权，把政事弄得一团糟。"在这种情况下，汉文帝后来也就疏远了贾谊，不再采纳他的意见，任命他为长沙王太傅。

　　贾谊向文帝告辞之后，前往长沙赴任，他听说长沙地势低洼，气候潮湿，自认为寿命不会很长，又是因为被贬至此，内心非常不愉快。在渡湘水的时候，写下一篇辞赋来凭吊屈原……

　　一年多之后，贾谊被召回京城拜见皇帝。当时汉文帝正坐在宣室殿，接受神的降福保佑。因文帝有感于鬼神之事，就向贾谊询问鬼神的本原。贾谊也就乘机周详地讲述了所以会有鬼神之事的种种情形。到夜半时分，文帝已听得很入神，不知不觉地在座席上总往贾谊身边移动。听完之后，文帝慨叹道："我好长时间没见贾谊了，自认为能超过他，现在看来还是不如他。"过了不久，文帝任命贾谊为梁怀王刘揖的太傅。梁怀王是汉文帝的小儿子，受文帝宠爱，又喜欢读书，因此才让贾谊做他的老师。

　　汉文帝又封淮南厉王的四个儿子都为列侯。贾谊劝谏，认为国家祸患的兴起就要从这里开始了。贾谊又多次上疏皇帝，说有的诸侯封地连接几个郡，和古代的制度不符，应该逐渐削弱他们的势力，但是汉文帝不肯听从。

　　过了几年，梁怀王骑马，不慎从马上掉下来摔死了，没有留下后代。贾谊内心愧疚，认为自己做太傅没有尽到责任，非常伤心，哭泣了一年多，也死去了，死的时候年仅33岁。

文史共读之二：《汉书·贾谊传》节选

赞曰：刘向[1]称"贾谊言三代[2]与秦治乱之意，其论甚美，通达国体，虽古之伊、管未能远过也。使时见用，功化必盛。为庸臣所害，甚可悼痛。"追观孝文玄默躬行以移风俗，谊之所陈略施行矣。及欲改定制度，以汉为土德，色上[3]黄，数用五，及欲试属国，施五饵三表[4]以系单于，其术固以[5]疏[6]矣。谊以天年早终，虽不至公卿，未为不遇也。凡所著述五十八篇[7]，掇[8]其切于世事者著于传云。

注释：

[1] **刘向**：西汉著名学者、经学家、文学家。

[2] **三代**：指夏、商、周三朝。

[3] **上**：通"尚"，尊崇、崇尚。

[4] **五饵三表**：贾谊在《新书》中提出的对付匈奴之策。五饵，赐以盛服车乘、盛食珍味、音乐妇人、殿堂府库奴婢，以及热情接待，使其目、耳、口、腹与心均受诱惑，称"五饵"。三表，运用仁、义、信三种策略以为招徕，称"三表"。

[5] **以**：通"已"。

[6] **疏**：远。

[7] **凡所著述五十八篇**：贾谊著述名《新书》，凡五十八篇。

[8] **掇**：选取。

参考译文：

班固总评说：刘向曾说过"贾谊对夏、商、周三代和秦朝的天下大治及国家混乱的评价，他的评论非常好，他通晓国家的国体国情和典章制度，即使古时候的伊尹、管仲也没有超过他的见解分析。假使当时予以重用，其功德教化必然隆盛。但为庸臣所害未能得志，真是可悲可惜。"回想起汉文帝默默躬行俭约以倡导移风易俗，贾谊的主张大体上还是被采纳了。至于想改定制度，以汉为土德，服色崇尚黄色，以"五"为吉数，以及想担任典属国的职务，采用五饵三表的方法以笼络牵制单于等，这些做法也确实显得有些粗疏。贾谊也是天年早逝，尽管官位没做到公卿，还不算是怀才不遇。他的著述共有五十八篇，现只选择了其中切近世事的几篇放在传中。

新五代史·周臣传（节选）

宋·欧阳修

题解：

据北宋王铚的《默记》记载，后周世宗柴荣在位的时候在宫中建了一座功臣阁，将王朴与李谷、郑仁海等大臣的画像放入阁中。后来，赵匡胤在陈桥黄袍加身登基称帝，取代了后周建立了宋朝。在登基后不久的一天，赵匡胤在宫中散步，有意无意中路过功臣阁。忽然一阵风将一扇门吹开，赵匡胤转身正好与王朴的画像相对，只见画中人栩栩如生，仿佛要从画中走出来。赵匡胤顿时悚然变色，退后几步才站定，赶紧整理衣冠朝服，双腿并拢向王朴的画像鞠躬行礼。随行的侍从不解地问道："陛下贵为天子，他不过是前朝臣子，何必行如此大礼？"赵匡胤用手指着身上的黄袍说道："如果这个人还活着，我是不可能穿上这件黄袍的！"可见赵匡胤对王朴的敬畏程度。

本文就是欧阳修所修《新五代史·周臣传》中的传赞部分，主要是对王朴的赞誉。欧阳修在文中以下棋来比喻治国，指出胜利者与失败者在拥有人才方面没有本质差异，只在于善不善于任用而已。又指出凡是取得胜利或者国家安定的缘由都在于能把君子与小人安排到合适的位置上，即所谓的"亲贤臣，远小人"。从历史现象中总结规律与教训，这是中国人尤其重视历史的原因之一，欧阳修的这类论文正显示出了这种读史的智慧与眼光。

呜呼！作器者，无良材而有良匠；治国者，无能臣而有能君。盖材待匠而成，臣待君而用。故曰：治国譬之于弈，知其用而置得其处者胜，不知其用而置非其处者败。败者临棋注目，终日而劳心，使善弈者视焉，为之易置其处则胜矣。胜者所用，败者之棋也；兴国所用，亡国之臣也。

王朴之材，诚可谓能矣，不遇世宗，何所施哉？世宗之时，外事征伐，攻取战胜；内修制度，议刑法、定律历，讲求礼乐之遗文，所用者五代之士也，岂皆愚怯于晋、汉，而材智于周哉？惟知所用尔。

夫乱国之君，常置愚不肖于上，而强其不能，以暴其短恶，置贤智于下，而泯没其材能，使君子、小人皆失其所，而身蹈危亡。治国之君，能置贤知于近，而置愚不肖于远，使君子、小人各适其分，而身享安荣。治乱相去虽远甚，而其所以致之者不多也，反其所置而已。

呜呼，自古治君少而乱君多，况于五代，士之遇不遇者，可胜叹哉！

注释与讲疏：

呜呼！作器者，无良材而有良匠[1]；治国者，无能[2]臣而有能君。盖材待[3]匠而成，臣待君而用[4]。故曰：治国譬之于弈[5]，知其用而置得其处[6]者胜，不知其用而置非其处者败。败者临棋注目，终日而劳心，使善弈者视焉，为之易置其处则胜矣。胜者所用，败者之棋也；兴国所用，亡国之臣也。

注释：

[1] **无良材而有良匠**：没有好的材料但需要有好的木匠。良，好、良好。材，原料、材料。

[2] **能**：高明，有才能。

[3] **待**：依靠、需要。这个字是本文"文眼"，是理解本文的关键字。

[4] **用**：施行、实行。

[5] **治国譬之于弈**：治理国家就好像下棋。譬，比喻、比如。弈，下棋。

[6] **处**：处所、位置。

讲疏：

本段用"制作器物"和"下棋"两个比喻引出观点。第一个比喻提出"待"字，指出王朴要"遇"到周世宗才能发挥其才能，即"臣待君而用"。第二个比喻引出"置得其处"的"遇"和"置非其处"的"不遇"，为下文"遇"与"不遇"埋下伏笔。

王朴[1]之材，诚可谓能矣，不遇[2]世宗[3]，何所施[4]哉？世宗之时，外事征伐，攻取战胜；内修制度，议刑法、定律历，讲求礼乐之遗文，所用者五代之士也，岂皆愚怯于晋、汉，而材智于周哉[5]？惟知所用尔。

注释：

[1] **王朴**：906—959 年，字文伯，东平（今山东省东平县西北）人。曾为周世宗掌书记，献《平边策》，建议周世宗先取江淮平定南方，进而攻取北汉。深受周世宗信任，官至枢密使。

[2] **遇**：遇见、遇到。

[3] **世宗**：周世宗柴荣，921—959 年，邢州龙岗（今河北邢台）人。

[4] **施**：用。

[5] **岂皆愚怯于晋、汉，而材智于周哉**：难道这些人在后晋、后汉时都是愚蠢、怯懦的，而到了后周就变得聪明而有才了吗？这与前文"胜者所用，败者之棋也；兴国所用，亡国之臣也"相对应。晋、汉，指石敬瑭建立的后晋政权和刘知远建立的后汉政权。

讲疏：

这一段引入正题，即王朴的事迹，进一步解释周世宗因为"知所用"而发挥了"王朴之材"。

夫乱国之君，常置 [1] 愚不肖 [2] 于上，而强 [3] 其不能，以暴其短恶，置贤智于下，而泯 [4] 没其材能，使君子、小人皆失其所，而身蹈 [5] 危亡。治国之君，能置贤知于近，而置愚不肖于远，使君子、小人各适其分，而身享安荣。治乱相去虽远甚，而其所以致之者不多也，反其所置而已。

注释：

[1] 置：安放、放置。

[2] 不肖：不才、不贤。

[3] 强：勉强、强求。

[4] 泯：尽、灭。

[5] 蹈：趋向，朝某方向走。

讲疏：

对比"乱国之君"和"治国之君"对待人才的不同做法，以及贤不肖易置的得失。

呜呼，自古治君少而乱君多，况于五代 [1]，士之遇不遇者，可胜 [2] 叹哉！

注释：

[1] 五代：或称作"五代十国"，是介于唐宋之间的特殊历史时期。

[2] 胜：尽。

讲疏：

最后又点出"士之遇不遇"的结论。本文同《贾谊不至公卿论》一样，关键字也是一个"遇"字。从赞美周世宗能任用人才，这些人才能"遇"到周世宗的事情，最后归结到"士之遇不遇者，可胜叹哉"的感叹。这一篇难度不大，但含义隽永。作者使用比喻、对比的手法，从人才之"待"和君主之"用"来诠释"士之遇不遇"。清代学者张伯行认为，诞生人才的是天，而使用人才的是君主。天下从来不缺少人才，能恰当使用他们，就能治理好国家。良匠不会用错木材，弈秋善于布下棋子。周世宗得到王朴尚且是这样，何况圣明的君主能任用天下的贤才呢？

参考译文：

唉！制作器物，没有好的材料但要有好的工匠；治理国家，没有能干的臣子但要有贤能的君主。因为材料需要依靠工匠才能制成器物，大臣需要依靠君主才能发挥作用。所以说：治国就像下棋，懂得棋子的作用而把它放到合适的位置的人才能获胜，不懂得棋子的作用而把它放到不合适的位置的人就会失败。失败的人对着棋子专心注目，成天劳心伤神，如果让善于下棋的人看了，只要替他改变棋子的位置就胜了。获胜的人所使用的棋子，正是失败的人的棋子；振兴国家所任用的人，正是亡国之君的臣子。

王朴的才智，确实可以称得上能干。如果没有遇上周世宗，又到哪里施展呢？周世宗在位的时候，对外征伐，攻取城池、战胜敌人；对内完善制度，议定刑律与法条，修订乐律历法，讲求前代遗留下来的礼乐制度。他所任用的是五代的士人，难道这些人在后晋、后汉时都是愚蠢、怯懦的，而到了后周就变得聪明而有才了吗？只是君主知道如何任用他们罢了。

乱国的君主，常常把愚蠢、不贤的人安置在重要的位置上，而强求他们做不能胜任的事，暴露他们的缺点和罪恶；把贤智之士安置在下面，而埋没他们的才能，让君子、小人都不能处在他们应处的位置，而使自己走向危险与灭亡。善于治理国家的君主，能够把贤智之士安排到亲近的位置，而把愚蠢的、不贤的人安排到疏远的位置，使君子和小人各自有合适的位置，就能身享安逸与荣耀。动乱与安定虽然相去甚远，而导致这种结局的原因并不多，就是把用人的方法反过来罢了。

唉！自古以来贤明的治国之君少而昏乱的君主多，何况是在五代时期呢，士人得到君主赏识与得不到君主赏识，哪能感叹得完呢！

文史共读：《新五代史·周臣传》节选

王朴，字文伯，东平[1]人也。少举进士，为校书郎[2]，依汉枢密使[3]杨邠。邠与王章、史弘肇等有隙[4]，朴见汉兴日浅，隐帝[5]年少孱弱，任用小人，而邠为大臣，与将相交恶[6]，知其必乱，乃去邠东归。

周世宗镇澶州[7]，朴为节度掌书记[8]。世宗即位，迁比部[9]郎中。世宗新即位，锐意征伐，已挠群议，亲败刘旻于高平，归而益治兵，慨然[10]有平一天下之志。数顾大臣问治道，选文学之士徐台符等二十人，使作《为君难为臣不易论》及《平边策》，朴在选中。而当时文士皆不欲上急于用武，以谓平定僭乱[11]，在修文德以为先。惟朴等言用兵之策，谓江淮为可先取。世宗雅[12]已知朴，及见其议论伟然，益以为奇，引与计议天下事，无不合，遂决意用之。显德三年，征淮，以朴为东京副留守。还，拜户部侍郎、枢密副使，迁枢密使。

世宗之时，外事征伐，而内修法度。朴为人明敏多材智，非独当世之务，至于阴阳律历之法，莫不通焉。朴性刚果，又见信于世宗，凡其所为，当时无敢难者，然人亦莫能加也。世宗征淮，朴留京师，广新城，通道路，壮伟宏阔，今京师之制，多其所规为[13]。其所作乐，至今用之不可变。其陈用兵之略，非特一时之策。至言诸国兴灭次第云："淮南可最先取，并必死之寇，最后亡。"其后宋兴，平安四方，惟并独后服，皆如朴言。

六年春，世宗遣朴行视汴口，作斗门[14]，还，过故相李谷第，疾作，仆于坐上，舁[15]归而卒，年五十四。世宗临[16]其丧，以玉钺[17]叩地，大恸[18]者数四。赠侍中。

注释：

[1] **东平**：今山东省东平县。

[2] **校书郎**：掌校雠典籍。西汉的兰台和东汉的东观都是藏书室，置

学士于其中，典校藏书，但未置官。以郎充任，则称作校书郎。

[3] **枢密使**：官名。唐代宗永泰年间始置枢密使，以宦官为之，掌承受表奏。后梁改用士人。后唐庄宗时与宰相分秉朝政，文事出中书，武事出枢密，其权愈重。

[4] **隙**：隔阂、怨恨。

[5] **隐帝**：指五代时后汉隐帝刘承祐（公元 948—950 年在位），是后汉高祖刘知远之子。

[6] **交恶**：指双方感情破裂，互相憎恨仇视，关系不和睦。

[7] **澶州**：州名，治所在今河南省清丰县。后来北宋和辽的澶渊之盟就发生在此地。

[8] **节度掌书记**：古代官制名，节度使属官，负责文书、记录、信件等。

[9] **比部**：刑部下辖的办事机关，其长官为比部郎中，主管稽核等事。

[10] **慨然**：感情激昂的样子。

[11] **僭（jiàn）乱**：犯上作乱。

[12] **雅**：平素、一向。

[13] **规为**：谋度、谋划。

[14] **斗门**：堤堰所设宣泄暴涨洪水的闸门。

[15] **舁（yú）**：通"舆"，轿子，这里用作动词，抬、扛。

[16] **临**：哭吊。

[17] **玉钺（yuè）**：古代象征权力的礼器。

[18] **恸（tòng）**：极其悲痛，痛哭。

参考译文：

王朴，字文伯，东平（今山东东平县）人。年轻时考中进士，担任校书郎，依附于汉枢密使杨邠。杨邠和王章、史弘肇等人不和，王朴见后汉建立的时间较短。后汉隐帝刘承祐年少软弱，任用小人，而杨邠作为大臣，和将相关系不和睦，料知他一定会作乱，于是离开杨邠回到家乡。

周世宗柴荣在镇守澶州时，王朴担任节度掌书记，周世宗即位，王朴又改任比部郎中。周世宗刚即位，锐意征伐，排除众议，亲自在高平打败了刘旻，回来后更加治理军队，慷慨豪迈，俨然有扫平天下的志向。周世宗多次看望大臣询问治国之道，选拔文士徐台符等二十人，让他们写作《为君难为臣不易论》及《平边策》，王朴就在被选的行列中。而当时的文士都不建议皇帝急于用兵，认为平定叛乱，应该先修德，收买民心。只有王朴等人言说用兵之策，认为江淮地区可以首先平定。周世宗从前就了解王朴，看到他高妙的论述后，更加认为他有奇才，召来他一同商讨天下大事，都符合自己的想法，于是决心采用他的建议。周世宗显德三年（956年），征讨淮河地区，任命王朴为东京副留守。回师后，加封他为户部侍郎、枢密副使，又升枢密使。

周世宗时期，对外征讨，对内修订法度。王朴聪明，才智很高，不只当世政务，就连阴阳律历等方面，也没有不精通的。王朴性格刚直果断，又被周世宗所信任，凡是他所做的事情，当时没有谁敢责备的，然而也没有谁能超过他。周世宗讨伐淮河地区，王朴留守京师，增广新城，开通道路，京城更加庄严宏伟。现在京师的情况，大多是他规划的。他创作的音乐，至今还采用着，无法更改。他上奏的用兵方略，也不是只能用在一时的策略。他说的各国灭亡的次序："淮南可以最先平定，并州是一定要消灭的敌人，在最后灭亡。"后来宋朝兴起，平定天下，只有并州最后臣服，都像王朴说的一样。

显德六年（959年）春天，周世宗派王朴巡行视察汴河的河口，建造斗门，回到京城，到前任宰相李谷的府第拜访，疾病发作，倒在座位上，抬回去后就死了，时年54岁。周世宗亲临了他的丧礼凭吊，用玉钺敲地，大声痛哭了好几次。追赠王朴为侍中。

圣与时：王安石的圣人标准

夫子贤于尧舜

宋·王安石

题解：

　　孔子是王安石的绝对偶像，是圣人的标准。他曾写过一篇文章《三圣人论》。这个"三圣人"的说法是孟子首先提出来的：一个是商末周初的伯夷，不食周粟而死，孟子誉之为"圣之清者"；一个是商代的伊尹，辅佐商朝灭夏，孟子誉之为"圣之任者"；还有一个是柳下惠，是春秋时鲁国大夫，以贤能而著称，孟子誉之为"圣之和者"。王安石引了孟子的观点，说这三个人因时之偏而就之，都是在历史上的非常时期来纠正偏差的人物，但都不是"天下之中道"，时间久了也会产生弊端。到孔子的时候这些弊端就很明显了，孔子就融会他们的优点，改进他们的缺陷，提出改造的主张。然后"圣人之道大具"，而后才算得上有了完备的圣人之道。接下来王安石还分析了原因，提出了"时"与"变"的关系。所以，他在《夫子贤于尧舜》中提出了"因变制法"的论点，暗喻了时代变迁与变法的关系。王安石写道，孔子的学生宰我就认为孔子比尧舜更贤明。孟子也说过，生民以来未有如夫子。这意思是有了人类以后，没有人比孔子更伟大。王安石说这不是学生和追随者的私言，而是天下之公论。尧、舜都是孔子崇拜的人，孔子怎么能比他们更强？因为孔子的思想主张是有系统的，是集大成的，事后是可以遵循的，而这在尧舜那里是看不到的。王安石说到孔子之时"天下之变备矣"，孔子也汲取了尧舜等前代政治家、思想家的养料，才成为集大成的圣人。

　　孟子曰："可欲之谓善，有诸己之谓信，充实之谓美，充实而有光辉之谓大，大而化之之谓圣，圣而不可知之谓神。"圣之为称，德之极；神之为名，道之至。故凡古之所谓圣人者，于道德无所不尽也。于道德无所不尽，则若明之于日月，尊之于上帝，莫之或加矣。《易》曰"大人者与天地合其德，与日月合其明，与四时合其序，与鬼神合其吉凶"，此之谓也。由此观之，则自传记以来，凡所谓圣人者，宜无以相尚，而其所知亦同。宰我曰："以予观于夫子，贤于尧舜远矣。"而世之解者必曰："是为门人之私言，而非天下公共之论也。"而孟子亦曰："生民以来，未有如夫子。"是岂亦门人之私言，而非天下公共之论哉？为是言者，盖亦未之思也。夫所谓圣贤之言者，无一辞之苟。其发也必有指焉；其指也学者之所不可不思也。夫圣者，至乎道德之妙而后世莫之增焉者之称也。苟有能加焉者，则岂圣也哉？然孟子、宰我之所以为是说者，盖亦言其时而已也。

　　昔者道发乎伏羲，而成乎尧舜，继而大之于禹、汤、文、武。此数人者，皆居天子之位，而使天下之道浸明浸备者也。而又有在下而继之者焉，伊尹、伯夷、柳下惠、孔子是也。夫伏羲既发之也，而其法未成，至于尧而后成焉。尧虽能成圣人之法，未若孔子之备也。夫以圣人之盛，用一人之知，足以备天下之法，而必待至于孔子者，何哉？盖圣人之心，不求有为于天下，待天下之变至焉，然后吾因其变而制之法耳。至孔子之时，天下之变备矣，故圣人之法亦自是而后备也。《易》曰"通其变，使民不倦"，此之谓也。故其所以能备者，岂特孔子一人之力哉？盖所谓圣人者，莫不预有力也。孟子曰"孔子集大成者"，盖言集诸圣人之事而大成万世之法耳。此其所以贤于尧舜也。

注释与讲疏：

孟子曰[1]："可欲之谓善[2]，有诸己之谓信[3]，充实[4]之谓美[5]，充实而有光辉之谓大[6]，大而化之之谓圣[7]，圣而不可知之谓神[8]。"圣之为称[9]，德之极[10]；神之为名，道之至。故凡古之所谓圣人者，于道德无所不尽也。于道德无所不尽，则若明之于日月，尊之于上帝，莫之或加矣。《易》曰[11]"大人者与天地合其德[12]，与日月合其明[13]，与四时[14]合其序[15]，与鬼[16]神[17]合其吉凶"此之谓也。由此观之，则自传记以来，凡所谓圣人者，宜无以相尚，而其所知亦同。宰我曰[18]："以予观于夫子，贤于尧舜远矣。"而世之解[19]者必曰："是为门人[20]之私言，而非天下公共之论也。"而孟子亦曰："生民以来，未有如夫子。"是岂亦门人之私言，而非天下公共之论哉？为是言者，盖亦未之思也。夫所谓圣贤之言者，无一辞之苟[21]。其发也必有指[22]焉；其指也学者之所不可不思也。夫圣者，至乎道德之妙而后世莫之增焉者之称也。苟[23]有能加焉者，则岂圣也哉？然孟子、宰我之所以为是说者，盖亦言其时而已也。

注释：

[1] **孟子曰**：这句话出自《孟子·尽心下》。

[2] **善**：吉祥美好。

[3] **信**：言语真实、诚实。

[4] **充实**：指个体通过自觉的努力，把本身固有的善良本性"扩而充之"，使之注满整个人体之中。

[5] **美**：美好的人或事。

[6] **大**：伟大。

[7] **圣**：品德高尚的人。

[8] **神**：神奇、神妙。

[9] **称**：称呼、称号、名称。与下文的"名"同义。

[10] **极**：顶点。一说中正、标准、准则。与下文的"至"同义。

[11] **《易》曰**：这句话出自《周易·乾·文言》。

[12] **大人者与天地合其德**：真正的大人，其道德像天地一样覆载万物。大人，指德行高尚、志趣高远的人；一说指在高位者，如王公贵族等。与，随从、随着。天地，指天地之间、自然界。合，对合、符合。德，这里特指天地化育万物的功能。

[13] **明**：照亮、照明。

[14] **四时**：春夏秋冬四季。

[15] **序**：次序。

[16] **鬼**：这里指遥远的祖先。

[17] **神**：指知识渊博或技能超群的人。

[18] **宰我曰**：这句话与下文的"孟子亦曰"均出自《孟子·公孙丑上》。

[19] **解**：解说、辩解。

[20] **门人**：学生。

[21] **苟**：苟且，不严肃。

[22] **指**：意指，意向。

[23] **苟**：如果。

讲疏：

这篇文章可分为两部分，这是第一部分，主要从"圣人"的内涵入手，开头引用了《孟子·尽心上》中孟子评价乐正子时说的话，指出"圣人"是"于道德无所不尽"；接下来又引用《易·乾·文言》中的话加以佐证。之后指出圣人之间不是"相尚"，而是"其所知亦同"，即道德价值观相同，这句话起了转承作用，为下文引用孔门弟子宰我和孟子的言论做了张本。作者认为那些说宰我的话是"孔门之私言"的人，是因为他们"未之思也"。最后作者提出了"圣人"是对"至乎道德之妙而后世莫之增焉者之称"的观点。他还认为孟子、宰我对孔子的评价是

"言其时"，孟子还曾说过"孔子，圣之时者也"（《孟子·万章下》）的话。可见，理解这一部分的关键字是"圣"和"时"，这就为下文对"天下之变"的进一步分析打下了基础。

昔者道发乎伏羲[1]，而成[2]乎尧舜，继而大之于禹、汤、文、武。此数人者，皆居天子之位，而使天下之道浸[3]明浸备[4]者也。而又有在下而继之者焉，伊尹[5]、伯夷[6]、柳下惠[7]、孔子是也。夫伏羲既发之也，而其法未成，至于尧而后成焉。尧虽能成圣人之法，未若孔子之备也。夫以圣人之盛，用一人之知[8]，足以备天下之法，而必待至于孔子者，何哉？盖圣人之心，不求有为于天下，待天下之变[9]至焉，然后吾因其变而制之法耳。至孔子之时，天下之变备矣，故圣人之法亦自是而后备也。《易》曰[10]"通[11]其变，使民不倦[12]"，此之谓也。故其所以能备者，岂特孔子一人之力哉？盖所谓圣人者，莫不预[13]有力也。孟子曰[14]"孔子集大成者"，盖言集[15]诸圣人之事而大成万世之法耳。此其所以贤于尧舜也。

注释：

[1] **伏羲**：神话中太昊氏，三皇之一。据传曾创立八卦、文字等，被誉为华夏人文始祖之一。

[2] **成**：完成、成就。

[3] **浸**：逐渐。

[4] **备**：完备、齐备。

[5] **伊尹**：名挚，尹为官名，夏末商初时的政治人物。曾辅佐商汤灭夏，建立商朝，并制定典章制度等，对商的创立及巩固起了重大作用。

[6] **伯夷**：见前文《伯夷颂》的注释。

[7] **柳下惠**：春秋时期鲁国人，卒后谥号为惠，因其封地在柳下，后人尊称其为"柳下惠"。作为遵守中国传统道德的典范，被孔子誉为"被遗落的贤人"，孟子尊为"圣之和者也"。

[8] **知**：通"智"。

[9] **变**：改变、变化。

[10] **《易》曰**：这句话出自《周易·系辞传下》。

[11] **通**：通顺、通畅、通达。

[12] **倦**：疲倦、懈怠。

[13] **预**：参与。

[14] **孟子曰**：这句话出自《孟子·万章下》。

[15] **集**：聚集。

讲疏：

文章的第二部分聚焦于关键字"变"，把"道"的"成长"过程与时代变迁融合在一起，这也是王安石变法的思想基础。具体的论述从三个问题入手：一是"道"的"成长"过程。作者认为"道"是"发"于伏羲之世，"成"乎尧舜时代，经历了禹、汤、文、武接续发展得以发扬光大，"道"随着时代的变迁"浸明浸备"，到了孔子才最终完备了，才有了"集大成"的"万世之法"。二是为什么说只有到了孔子之时才能够"备天下之法"呢？因为到了孔子之时"天下之变备矣"，孔子也是"因其变而制之法"，有了这样的时代变动之后才使"道"的发展完备了。三是孔子在这一过程中的地位与作用。在比较了尧、舜以来作为王的圣人和伊尹、伯夷、柳下惠、孔子对"道"的贡献之后，明确了孔子在其中的地位与作用，那就是孔子集历代圣人事业之大成而开创万世之法，孟子以"集大成"盛赞孔子即由此之故。最后回应前文，再次明确观点，即夫子贤于尧舜。

参考译文：

孟子说："那人值得喜爱的叫'善'，自己确实具有'善'就叫'信'，'善'充实在身上就叫'美'，既充实又有光辉就叫'大'，既'大'又能感化万物就叫'圣'，'圣'到妙不可知的程度就叫'神'。""圣"之所以能有这样的称号，是因为达到了"德"的极高的境界；"神"之所以能有这样名字，因为达到了"道"的最高的地步。所以凡是古代所说的圣人，在道德方面是无所不有的。在道德方面的这种无所不有，就像日月的明亮和上帝的至尊地位一样，在对圣人的评价中，没有什么比这更高的了。《易经》上说："真正大人（天子或诸侯）的德性，要与天地的功德相契合，要与日月的光明相契合，要与春、夏、秋、冬四时的时序相契合，要与鬼神所宣示的吉凶相契合。"这句话说的就是这样的圣人。从这里可以看出来，从有历史记载以来，凡是能够称得上圣人的，应该不是他们有着共同的崇尚的事情，而应该是他们的道德价值观是相同的。宰我说："我看夫子，比尧、舜贤明多了。"世上人解释说："这是学生私下的言论，并非天下公认的。"可是孟子也说："有了人类以来，谁也比不上夫子。"这难道也是学生的私下言论，而不是天下公认的道理吗？说这种话的人，大概就没有认真考虑过孔子的思想及影响。圣贤的言论没有一句话是信口随便说出的。他所发表的言论，必定有所意指；对这一意指学者是不能不加以深入思考的。所谓的圣人是用来称呼能达到道德的极高境界，且后世没有谁能超过他们的人的。假如还能超过，怎么还能被称作圣人呢？然而孟子、宰我之所以这样说，大概指的是他们那个时代对孔子的认识吧！

从前道发端于伏羲的时代，完成于尧、舜时期，继承并发扬光大的是大禹、商汤、文王、武王。这几个人都是天子，使天下的道术越来越显明完备。又有一些身居下位继承这种道术的，是伊尹、伯夷、柳下惠、孔子这些人。伏羲创始了道术，但并没有完成，到了尧的时候才算完成了。尧虽然完成了圣人的道术，却不像孔子那样完备。圣人那样多，使用一个人的智慧，就足以完备天下的道术，为什么一定要等到孔子的时候呢？圣人心中不求对天下有所作为，等天下发生变动的时候，然后顺应这种变动再来制定道术的准则。到孔子的时候，天下的变化齐备了，所以圣人的道术也是在这之后才完备的。《易经》上说，"顺通这种变化，使百姓不至于疲倦"，指的就是这种情况。所以能使道术完备的人，难道只是孔子一个人的力量吗？上面所提到的圣人每个人都参与其中并贡献了力量。孟子说，"孔子是集大成者"，说的是他总结了圣人的事迹，使道术最终完成并成为万代效法的规则。这就是孔子比尧、舜贤明的原因。

文史共读：《史记·孔子世家》节选

孔子年七十三，以鲁哀公十六年四月己丑[1] 卒。

孔子葬鲁城北泗上，弟子皆服三年。三年心丧毕[2]，相诀[3]而去，则哭，各复尽哀；或复留。唯子贡庐[4]于冢上，凡六年，然后去。弟子及鲁人往从冢而家者百有余室，因命曰孔里。鲁世世相传以岁时奉祠孔子冢，而诸儒亦讲礼乡饮大射于孔子冢。孔子冢大一顷。故所居堂弟子内，后世因庙藏孔子衣冠琴车书，至于汉二百余年不绝。高皇帝[5]过鲁，以太牢祠焉。诸侯卿相至，常先谒然后从政。

太史公曰：诗有之："高山仰止，景行行止[6]。"虽不能至，然心乡[7]往之。余读孔氏书[8]，想见其为人。适[9]鲁，观仲尼庙堂车服礼器，诸生以时[10]习礼其家，余祗回[11]留之不能去云。天下君王至于贤人众矣，当时则荣，没[12]则已[13]焉。孔子布衣[14]，传十余世[15]，学者宗[16]之。自天子王侯，中国言"六艺[17]"者折中[18]于夫子[19]，可谓至圣[20]矣！

注释：

[1] **鲁哀公十六年四月己丑**：即公元前 479 年 3 月 9 日。

[2] **心丧毕**：意思是守孝三年的日子里，心中无主、精神恍惚的状态过去了以后，他们又开始过上正常的生活。

[3] **诀**：告别、辞别。

[4] **庐**：盖房子，名词作动词。

[5] **高皇帝**：指汉高祖刘邦，刘邦死后，群臣上尊号为高皇帝，故称。

[6] **高山仰止，景行行止**：出自《诗经·小雅·车辖》。比喻孔子的道德学问像高山一样使人瞻仰，像大路一样引导人们遵循。仰，仰望，这里是仰慕、敬仰的意思。景行（háng），大道、大路。这里喻指高尚的品德。行（xíng）止，这里是效法的意思。止，表示肯定的句尾语助词，无意义。

[7] **乡**：通"向"，心里希望能达到这样的境界。

[8] **孔氏书**：主要指记录孔子及其弟子言行的《论语》。

[9] **适**：往，到……去。

[10] **以时**：按时。

[11] **祗（zhī）回**：徘徊，依依不舍。

[12] **没（mò）**：死。

[13] **已**：完。

[14] **布衣**：平民。古代没有官职的人都穿粗布衣服，所以称布衣。

[15] **传十余世**：孔子第十一代孙孔安国是司马迁学习古文《尚书》的老师，所以儒学至汉已传十余世。

[16] **宗**：尊崇、尊奉。

[17] **六艺**：指"六经"，即《诗》《书》《礼》《乐》《易》《春秋》。

[18] **折中**：取正、判断，即以……为判断标准。这里指孔子的言论是判断事物是非的标准。

[19] **夫子**：古代对男子的尊称，这里指孔子。

[20] **至圣**：至高无上的圣人，圣明到了极点的人。

参考译文：

孔子享年七十三岁，是鲁哀公十六年四月己丑这天去世的。

孔子死后埋葬在鲁城北的泗水边上，弟子都服丧三年。三年的心丧服完了，弟子在道别离去时，都相对而哭，每人还是很哀痛，有的弟子又留下来守墓。只有子贡在坟墓旁建起了房子住下来，共守了六年，然后才离去。孔子的弟子和鲁国人前往移居孔子墓旁居住的有一百多家，因此将这里命名为孔里。鲁国世世代代相传每年按时节到孔子墓前祭拜，儒生也在孔子墓前进行讲礼、乡饮、大射等活动。孔子坟墓的占地面积有一顷那么大。孔子的故居堂屋及弟子的内室，后世就改成了庙堂，收藏孔子的衣服、帽子、琴、车、书，直到汉代两百多年没有断绝。高皇帝经过鲁地，用牛羊猪三牲的太牢之礼来祭祀孔子。诸侯卿相一到任，常是先到庙里祭拜之后，然后才去处理政务。

太史公说，《诗经》有这样的话："巍峨的高山呀令人仰望，宽阔的大路呀让人行走。"虽然我达不到这个境地，但心中总是向往着他。我读了孔子的遗书，可以想见他的为人。到鲁地去的时候，观看仲尼的宗庙厅堂、车辆服装、礼乐器物，儒生按时在孔子故居演习礼仪，我一时由衷敬仰，徘徊留恋不肯离去。自古以来，天下从君王直至贤人，算是很多很多了，活着时都很荣耀，到他一死就什么也没有了。孔子仅仅是一个平民，但他的学说家世至今传了十几代，学者都崇仰他。从天子王侯以下，中原凡是讲习六经的都要以孔夫子的言行为标准来判断是非，孔子可说是至高无上的圣人了！

识与术：苏洵论明君能臣

管仲论

宋·苏洵

题解：

据《吕氏春秋》记载，管仲得了重病，齐桓公前去探视，管仲说他希望君王疏远易牙、竖刁、卫公子开方等人。因为竖刁自宫来投，管仲说他不爱自己的身子，怎能爱君；易牙杀子烹肉来献给桓公，管仲说他不爱己子，怎能爱君；开方抛弃卫国太子位来投，管仲说他连太子位都不爱，怎能爱君；他还说这三人者不近人情，不可亲近。桓公说："我听你的。"管仲死了，桓公把易牙等人全部驱逐走了，结果桓公吃饭不香甜，后宫不安定，朝政也混乱不堪。过了三年，桓公说："仲父也太过分了吧！谁说仲父的话都得听从呢！"于是又把易牙等人都召了回来。第二年，齐桓公病了，易牙、竖刁等人一起作乱，堵塞了宫门，筑起了高墙，不让人进去，结果弄得桓公没饭吃没水喝，不禁慨然叹息，还流着泪说："唉！如果死者有知，我将有什么脸去见仲父呢？"于是用衣袖蒙住脸，死在了寿宫。

这篇《管仲论》就是根据上述史实，引出历史教训，指出管仲没有能够力荐贤士承袭霸业，导致身后齐国大乱，阐述推荐贤士对于国家强盛安定具有重大作用的道理。作者苏洵一生仕途失意，虽具王佐之才，抱济世之志，却无由自达，故其文章有关任贤用人之篇极多。《管仲论》就是其中的名篇，这篇文章立意新颖，富有创见，言他人所未言；但又没有超越历史事实，发无根之言。管仲是个历史上备受景仰的贤相，苏洵却从其身死国乱这一史实，独辟蹊径，责怪管仲临死不举贤自代，引出深刻教训，从而阐述了贤才对于国家兴盛的关键作用，借古喻今，立警世之言。

　　管仲相桓公，霸诸侯，攘夷狄，终其身齐国富强，诸侯不叛。管仲死，竖刁、易牙、开方用，桓公薨于乱，五公子争立，其祸蔓延，讫简公，齐无宁岁。

　　夫功之成，非成于成之日，盖必有所由起；祸之作，不作于作之日，亦必有所由兆。故齐之治也，吾不曰管仲，而曰鲍叔；及其乱也，吾不曰竖刁、易牙、开方，而曰管仲。何则？竖刁、易牙、开方三子，彼固乱人国者，顾其用之者，桓公也。夫有舜而后知放四凶，有仲尼而后知去少正卯。彼桓公何人也？顾其使桓公得用三子者，管仲也。仲之疾也，公问之相。当是时也，吾以仲且举天下之贤者以对。而其言乃不过曰竖刁、易牙、开方三子，非人情，不可近而已。

　　呜呼！仲以为桓公果能不用三子矣乎？仲与桓公处几年矣，亦知桓公之为人矣乎？桓公声不绝于耳，色不绝于目，而非三子者则无以遂其欲。彼其初之所以不用者，徒以有仲焉耳。一日无仲，则三子者可以弹冠而相庆矣。仲以为将死之言可以絷桓公之手足耶？夫齐国不患有三子，而患无仲。有仲则三子者，三匹夫耳。不然，天下岂少三子之徒？虽桓公幸而听仲，诛此三人，而其余者，仲能悉数而去之耶？呜呼！仲可谓不知本者矣！因桓公之问，举天下之贤者以自代，则仲虽死，而齐国未为无仲也，夫何患？三子者不言可也。

　　五霸莫盛于桓、文，文公之才不过桓公，其臣又皆不及仲，灵公之虐，不如孝公之宽厚，文公死，诸侯不敢叛晋，晋袭文公之余威，得为诸侯之盟主者百有余年。何者？其君虽不肖，而尚有老成人焉。桓公之薨也，一乱涂地。无惑也，彼独恃一管仲，而仲则死矣。

夫天下未尝无贤者，盖有有臣而无君者矣。桓公在焉，而曰天下不复有管仲者，吾不信也。仲之书有记其将死，论鲍叔、宾胥无之为人，且各疏其短，是其心以为数子者皆不足以托国；而又逆知其将死，则其书诞谩不足信也。吾观史鳅以不能进蘧伯玉而退弥子瑕，故有身后之谏；萧何且死，举曹参以自代：大臣之用心，固宜如此也。夫国以一人兴，以一人亡，贤者不悲其身之死，而忧其国之衰。故必复有贤者而后可以死。彼管仲者，何以死哉？

注释与讲疏：

　　管仲相桓公 [1]，**霸诸侯，攘** [2] **夷狄** [3]，**终其身齐国富强，诸侯不叛。管仲死，竖刁、易牙、开方** [4] **用，桓公薨** [5] **于乱，五公子** [6] **争立，其祸蔓延，讫** [7] **简公** [8]，**齐无宁岁。**

注释：

[1] **管仲相桓公**：管仲辅佐齐桓公。管仲，名夷吾，又名敬仲，颍上（今安徽颍上）人，春秋时期齐国的政治家、军事家。桓公，齐桓公，即位后任用管仲，国力强大，成为春秋时期的第一位霸主。

[2] **攘**：排斥、排除。

[3] **夷狄**：泛指西方北方的少数民族。

[4] **竖刁、易牙、开方**：三人都是齐桓公时期备受宠幸的近臣，在齐桓公临死前作乱，塞公门，筑高墙，不通人，以致桓公死于非常。

[5] **薨**（hōng）：古代称诸侯死。

[6] **五公子**：齐桓公有子十余人，其中争为君的五公子，即公子武孟、孝公昭、昭公潘、懿公商人、惠公元，至惠公即位，齐乱始定。

[7] **讫**：通"迄"，直到。

[8] **简公**：齐简公，名壬，为田常所弑，政归田氏。又传了三代而姜

氏灭，田氏代为齐君。

讲疏：

文章首段，作者以极简洁的笔法将管仲相齐兴霸、死后国乱的一段历史予以交代，紧扣题目，开门见山，为议论的展开进行铺垫。第一段先说管仲生前之功，即辅佐齐桓公，称霸诸侯，抗击戎狄，使齐国富强，诸侯不敢反叛。然后又说管仲死后齐乱之祸，即竖刁、易牙、开方"三子"被重用，趁齐桓公生病作乱，五个公子争夺王位，国无宁日，以致祸患延续到了齐简公时期。不过这里说祸患蔓延到齐简公时期，是行文中夸张的说法。

夫功之成，非成于成之日，盖必有所由起；祸之作，不作于作之日，亦必有所由兆 [1]。故齐之治也，吾不曰管仲，而曰鲍叔 [2]；及其乱也，吾不曰竖刁、易牙、开方，而曰管仲。何则？竖刁、易牙、开方三子，彼固乱人国者，顾其用之者，桓公也。夫有舜而后知放四凶 [3]，有仲尼而后知去少正卯 [4]。彼桓公何人也？顾其使桓公得用三子者，管仲也。仲之疾也，公问之相。当是时也，吾以仲且举天下之贤者以对。而其言乃不过曰竖刁、易牙、开方三子，非人情 [5]，不可近而已。

注释：

[1] **兆**：预兆、迹象。

[2] **鲍叔**：姓鲍名叔牙，史称鲍叔，春秋时期齐国的著名大夫，善于知人，鲍叔向桓公推荐管仲，桓公用管仲为相。

[3] **四凶**：相传共工（古代的世族官）、驩（huān）兜（人名）、三苗（古族名，这里指其族首领）、鲧（gǔn，人名）为尧时的四凶。共工、驩兜，当时称为凶人。鲧，治水无功。三苗，作乱的少数民族。

[4] **有仲尼而后知去少正卯**：据《史记·孔子世家》载，少正卯是鲁国人，曾讲学而门徒众多，孔子当大司寇后将其杀害。

[5] **非人情**：管仲认为他们的做法不合人情。相传，竖刁为进齐宫而

自阉，易牙杀子而迎合君主，开方原本是卫国的公子，后来抛弃了父母来到齐国侍奉齐桓公。

讲疏：

这一段作者一反定论，将齐国变乱的责任归咎于管仲，指出其未能举贤托国，舍本求末，进不听之言，实肇齐乱。管仲之罪全在此段，所以这是全文最重要的一段。作者指责管仲，却先不说管仲，而是把自己参透的这种带有思辨色彩的哲理作为本段第一句，不仅是全篇的"文眼"，还起着承上启下的作用。接下来就从"所由起"说"齐之治"是因为有鲍叔牙，而"齐之乱"的"所由兆"是因为管仲。治乱关系于管仲一身，揭出全文题旨。接着，作者以"何则"设问，将题旨又转深一步，先责齐桓公，后责管仲。作者认为，齐桓公用"三子"而"乱人国"，齐桓公固然不对，但使齐桓公任用"三子"者是管仲，因为管仲临终前，齐桓公询问他相国的人选，他却不能"举天下之贤者以对"，只是以"三子"做事违反人情，不可亲近之语搪塞而已。结果管仲既殁，齐国即乱，进一步说明了齐国之乱皆由管仲临终不能荐贤所致。

呜呼！仲以为桓公果能不用三子矣乎？仲与桓公处几年矣，亦知桓公之为人矣乎？桓公声不绝于耳，色不绝于目，而非三子者则无以遂其欲。彼其初之所以不用者，徒[1]以有仲焉耳。一日无仲，则三子者可以弹冠而相庆[2]矣。仲以为将死之言可以絷[3]桓公之手足耶？夫齐国不患有三子，而患无仲。有仲则三子者，三匹夫[4]耳。不然，天下岂少三子之徒？虽桓公幸而听仲，诛此三人，而其余者，仲能悉数而去之耶？呜呼！仲可谓不知本者矣！因[5]桓公之问，举天下之贤者以自代，则仲虽死，而齐国未为无仲也，夫何患？三子者不言可也[6]。

注释：

[1] 徒：只是，仅。

[2] **弹冠（guān）而相庆**：据《汉书·王吉传》记载，王吉和贡禹是

95

好朋友，取舍相同，世称"王吉在位，贡禹弹冠"，故弹去帽子上的灰尘，以便出仕。后用"弹冠相庆"指一人当官或升了官，他的同伙也互相庆贺将有官可做。

[3] 絷（zhí）：束缚。

[4] 匹夫：这里指普通人。

[5] 因：顺着、趁着。

[6] 三子者不言可也：这三个人不说也罢，意思是如果管仲做到了举荐贤才这一点，这三个人是发挥不了坏作用的。

讲疏：

第三段指责管仲不懂治国之本，"仲可谓不知本者矣"。这一段紧承上文齐桓公用"三子"和"问相"事展开论述，论证分三层：第一层以"仲以为桓公果能不用三子矣乎"的设问引起下文。作者认为，管仲与齐桓公相处日久，深知齐桓公贪恋声色。而且管仲还知道，如果没有竖刁、易牙、开方这"三子"，那么也就没有人能够满足齐桓公的欲望。因此后来齐桓公用"三子"，势所必然。既然如此，管仲临殁而不举贤自代，这应该说是他的责任。第二层作者又发问："仲以为将死之言可以絷桓公之手足耶？"回答也是否定的。因为齐国不担心有"三子"而担心没有管仲。有了管仲，这"三子"只不过是三个匹夫而已，佞臣不足畏，可怕的是国无贤者，国既无贤，君自昏聩。所以管仲想以"将死之言""絷桓公之手足"也是不可能的。然后作者又退一步说，即使齐桓公侥幸能够听进管仲的话而诛灭"三子"，但天下类似"三子"之徒岂能"悉数而去之耶？"在这一反问中，更使人清醒地看到管仲临终而不能举贤自代的错误。第三层则是合，在这里作者直接点出"管仲不懂治国之本"，并承接上一段齐桓公"问相"事，设身处地，代管仲为谋，反映出举荐贤才的重要性，正中管仲"不知本"的要害。

五霸 [1] **莫盛于桓、文** [2]，**文公之才不过桓公，其臣又皆不及仲，灵**

公[3]之虐，不如孝公[4]之宽厚[5]，文公死，诸侯不敢叛晋，晋袭文公之余威，得为诸侯之盟主者百有余年。何者？其君虽不肖，而尚有老成人[6]焉。桓公之薨也，一乱涂地。无惑[7]也，彼独恃一管仲，而仲则死矣。

注释：

[1] **五霸**：春秋时代的五霸，最通行的说法是齐桓公、晋文公、宋襄公、楚庄王、秦穆公。

[2] **桓、文**：指齐桓公、晋文公。

[3] **灵公**：指晋灵公，晋文公孙。

[4] **孝公**：指齐孝公，齐桓公之子。齐桓公死后，齐孝公在宋国的支持下夺得了王位。

[5] **宽厚**：宽容仁厚。

[6] **老成人**：原指阅历多而办事稳重的人，也就是贤人。

[7] **惑**：指困惑不解。

讲疏：

第四段从齐、晋两国霸业的比较中，再次论述贤才对于国家至关重要。齐桓公和晋文公都是"春秋五霸"中开创霸业的两位霸主，两人的声名最为显赫，两国的霸业也最为鼎盛。文章从开创霸业的国君、双方的臣佐、继承霸业的后代等方面比较，晋国都不如齐国。但从霸业的结果来看，晋国"得为诸侯之盟主者百有余年"；而齐桓公死后，齐国便"一乱涂地"。其根本原因就是晋国"其君虽不肖，而尚有老成人焉"。晋灵公时，赵盾、士会等一班贤臣主政，故晋国仍维持其霸主地位；而齐国只"独恃一管仲"，管仲一死，其政则乱。这样通过两国的横向比较，贤才对于国家的重要作用便清晰明了了。至此，可以说齐国霸业的衰落是由于齐国人才的匮乏。

夫天下未尝无贤者，盖有有臣而无君者矣。桓公在焉，而曰天下不复有管仲者，吾不信也。仲之书[1]有记其将死，论鲍叔、宾胥无[2]之为人，且各疏其短，是其心以为数子者皆不足以托国；而又逆知其将死，则其书诞谩 [3] 不足信也。吾观史鳅 [4] 以不能进蘧伯玉 [5] 而退弥子瑕 [6]，故有身后之谏 [7]；萧何且死，举曹参以自代 [8]：大臣之用心，固宜如此也。夫国以一人兴，以一人亡，贤者不悲其身之死，而忧其国之衰。故必复有贤者而后可以死。彼管仲者，何以死哉？

注释：

[1] **仲之书**：指《管子》。

[2] **宾胥无**：春秋时期齐国的著名大夫，活跃于公元前 685 年至前 641 年间。

[3] **诞谩**（dàn màn）：荒诞无稽。

[4] **史鳅**（qiú）：字子鱼，也叫史鱼，春秋时期卫国大夫，以直言敢谏著名。相传他死前遗命谏卫灵公退弥子瑕，用蘧伯玉。

[5] **蘧**（qú）**伯玉**：蘧瑗，春秋时卫国大夫，卫灵公时贤臣，天下闻名，孔子很敬重他。

[6] **弥子瑕**（xiá）：春秋时卫国大夫，善于奉承，曾深得卫灵公宠爱。

[7] **身后之谏**：据《史记·孔子世家》记载，史鳅死后，让儿子不依照礼制停放尸体，国君如果问，便说自己未能进蘧伯玉而退弥子瑕。

[8] **萧何且死，举曹参以自代**：指萧何死前推举曹参为相。

讲疏：

第五段总结管仲临终不能荐贤自代的教训，训诫后人。作者在第一层说，天下不是没有贤臣，而是有贤臣却不被国君所用，看似责备齐桓公不能用贤，实际是批评管仲不能荐贤。第二层是批评管仲以为国中无贤，再责备他不能举荐贤才。据专门记载管仲言论的《管子》一书说，管仲临终前，曾评论过鲍叔牙、宾胥无、宁戚、孙在等大臣的为人，一一分析他们的缺点，认为皆不足以托付国事。第三层引用春秋卫国大夫史鳅和汉丞相萧何临死前推荐贤才为佐证，说明大臣能否荐贤，全在其"用心"。而管仲临终之言和《管子》一书皆以为无贤可代，其"用心"可知！第四层总结教训，收束全文。"夫国以一人兴，以一人亡，贤者不悲其身之死，而忧其国之衰。故必复有贤者而后可以死。"这个教训可以说高出俗见，它不仅重申了大臣临终举贤自代的重要性，还以此点亮全文，回应全篇。最后又发出了"彼管仲者，何以死哉？"的反问，再次归因于管仲，使全篇含义隽永，意味深长。

参考译文：

管仲辅佐齐桓公的时候，齐国称霸于诸侯，排斥打击了夷、狄等少数民族，终其一生齐国都是国富民强，诸侯不敢再叛乱了。管仲死后，竖刁、易牙、开方得到重用，齐桓公最后在宫廷内乱中死去，五位公子开始争抢君位，祸乱蔓延开来，一直到齐简公时期，齐国没有一年安宁的时候。

功业的完成，并不是完成在成功之日，必然是由一定的原因引起的；祸乱的发生，不是发作于它产生之时，也一定会有它的根源和预兆。因此，齐国的安定强盛，我说不能归功于管仲，而应归功于鲍叔牙；齐国发生祸乱，我不说由于竖刁、易牙、开方，而说由于管仲。为什么呢？竖刁、易牙、开方这三个人，固然是导致国家动乱的人，再看看重用他们的人，是齐桓公。有了舜这样的圣人，才知道流放四凶；有了仲尼这个圣人，才知道杀掉少正卯。那么齐桓公是什么人呢？回头再看，使齐桓公重用这三个人的是管仲啊！管仲病危时，齐桓公询问可以为相的人选。正当这个时候，我想管仲将推荐天下最贤能的人来作答，但他的话不过是竖刁、易牙、开方这三个人的做法不合人情，不能亲近而已。

唉！管仲以为齐桓公果真能够不任用这三个人吗？管仲和齐桓公相处多年了，也该知道他的为人了吧？齐桓公是个耳朵离不了音乐，眼睛离不开美色的人，如果没有这三个人，就无法满足他的欲望。他开始不重用他们，只是因为有管仲在。一旦管仲没了，这三个人就可以弹冠相庆了。管仲以为自己的遗言就可束缚住齐桓公了吗？齐国不担心有这三个人，而是担心没有管仲；有管仲在，那么这三个人只不过是普通人罢了。若不是这样，天下难道缺少跟这三个人一样的人吗？即使齐桓公侥幸而听了管仲的话，诛杀了这三个人，但其余的这类人，管仲能全部除掉他们吗？唉！管仲是不懂得从根本上治国的人啊！如果他趁着齐桓公询问之时，推荐天下的贤人来代替自己，那么即使管仲死了，齐国也不算是失去了管仲，有什么可担心的呢？不提这三个人也是可以的！

春秋五霸中没有比齐桓公、晋文公再强的了。晋文公的才能比不上齐桓公，他的大臣也都赶不上管仲；而晋文公之子晋灵公暴虐，不如齐孝公待人宽容仁厚。可晋文公死后，诸侯不敢背叛晋国；晋国承袭了晋文公的余威，在后世还称霸了一百年之久。为什么呢？它的君主虽不贤明，但是还有几个老成持重的大臣在。齐桓公死后，齐国一败涂地。这没有什么值得困惑的，因为他仅依靠一个管仲，而管仲却死了。

天下并不是没有贤能的人，实际上是有贤臣而没有明君。齐桓公在世时，就说天下再没有管仲这样的人才了，我不相信。管仲的《管子》里，有记载他将死的时候，谈论到了鲍叔牙、宾胥无的为人，并且还列出他们各自的短处。这样在他的心中认为这几个人都不能托以国家重任，但他又预料到自己将死，可见这部书实在是荒诞，不值得相信。我看史鳅，因为不能使卫灵公任用贤臣蘧伯玉和斥退宠臣弥子瑕，为此死后进行了尸谏；汉代萧何临死前，推荐了曹参代替自己：大臣的用心，本来就应该如此啊！国家因一个人而兴盛，因一个人而灭亡；贤能的人不为自己的死而感到悲痛，而忧虑国家的衰败。因此一定要推选出贤明的人来，然后才可以安心死去。那管仲，怎么可以没有举荐贤才就死了呢？

文史共读：《史记·管晏列传》节选

管仲夷吾者，颍上人也。少时常与鲍叔牙游[1]，鲍叔知[2]其贤[3]。管仲贫困，常欺[4]鲍叔，鲍叔终善遇之，不以为言。已而鲍叔事齐公子小白[5]，管仲事公子纠[6]。及小白立，为桓公，公子纠死，管仲囚焉。鲍叔遂进[7]管仲。管仲既用，任政于齐，齐桓公以霸，九合诸侯[8]，一匡天下[9]，管仲之谋也。

管仲曰："吾始困时，尝与鲍叔贾，分财利多自与，鲍叔不以我为贪，知我贫也。吾尝为鲍叔谋事而更穷困，鲍叔不以我为愚，知时有利不利也。吾尝三仕三见[10]逐于君，鲍叔不以我为不肖，知我不遭时也。吾尝三战三走[11]，鲍叔不以我怯，知我有老母也。公子纠败，召忽死之，吾幽囚受辱，鲍叔不以我为无耻，知我不羞[12]小节而耻功名不显于天下也。生我者父母，知我者鲍子也。"

鲍叔既进管仲，以身下之。子孙世禄[13]于齐，有封邑者十余世，常为名大夫。天下不多[14]管仲之贤而多鲍叔能知人也。

注释：

[1] **游**：交游、来往。

[2] **知**：知道、了解。

[3] **贤**：有才能。

[4] **欺**：占便宜。

[5] **鲍叔事齐公子小白**：鲍叔牙侍奉公子小白出奔莒国。公子小白，齐襄公弟，即齐桓公。

[6] **管仲事公子纠**：管仲侍奉公子纠出奔鲁国。公子纠，齐襄公弟。

[7] **进**：引荐。

[8] **九合诸侯**：多次召集各国诸侯会盟。

[9] **一匡天下**：使天下归正。当时诸侯无视周天子，互相攻伐，管仲辅佐齐桓公，一度制止混乱局面。匡，正。

[10] **见**：被。

[11] **走**：逃走、逃跑。

[12] **羞**：以……为羞。意动用法。下文的"耻"也是意动用法。

[13] **子孙世禄**：子孙世世代代享受俸禄。

[14] **多**：称道、赞美。

参考译文：

管仲，名夷吾，是颍上人。他年轻的时候，常和鲍叔牙交往，鲍叔牙知道他贤明、有才干。管仲家贫，经常占鲍叔牙的便宜，但鲍叔牙始终很好地对待他，不因为这些事而有什么怨言。不久，鲍叔牙侍奉齐国公子小白，管仲侍奉公子纠。等到小白即位，立为齐桓公以后，桓公让鲁国杀了公子纠，管仲被囚禁。于是鲍叔牙向齐桓公推荐管仲。管仲被任用以后，在齐国执政，桓公凭借着管仲而称霸，并以霸主的身份，多次会合诸侯，使天下归正于一，这都是管仲的智谋。

管仲说："我当初贫困的时候，曾经和鲍叔牙经商，分财利时自己常常多拿一些，但鲍叔牙不认为我贪财，知道我生活贫困。我曾经为鲍叔牙办事，结果使他更加穷困，但鲍叔牙不认为我愚笨，知道时机有利和不利。我曾经多次做官，多次都被君主免职，但鲍叔牙不认为我没有才干，知道我没有遇到好时机。我曾多次作战，多次战败逃跑，但鲍叔牙不认为我胆小，知道我还有老母的缘故。公子纠失败，召忽为我而死，我被关在深牢中受屈辱，但鲍叔牙不认为我无耻，知道我不会为小节而羞，却会因为功名不曾显耀于天下而耻。生我的是父母，了解我的是鲍叔牙啊！"

鲍叔牙推荐了管仲以后，情愿把自身置于管仲之下。他的子孙世世代代在齐国享有俸禄，得到封地的有十几代，多数是著名的大夫。因此，天下的人不称赞管仲的才干，反而赞美鲍叔牙能够识别人才。

高祖

宋·苏洵

题解：

公元前195年淮南王英布被刘邦除掉之后，卢绾也逃往匈奴，这时整个汉朝内部，就只剩下长沙王吴家暂时还没被铲除，其他的诸侯王已经全都是老刘家的人了。在这样的背景下，刘邦举行了一个仪式，他把吕后以及其他文武大臣，都叫到太庙，然后大家一起杀了一匹白马，共同歃血为盟，宣誓以后只要不是老刘家的人，一律不得封王，没有足够功劳的人，一律不得封侯。而白马之盟订立一个多月之后，刘邦就去世了。

据《史记·吕太后本纪》记载，吕后在行使皇帝的职权之后，召集大臣商议，打算立诸吕为王。先问右丞相王陵，王陵说："高帝曾杀白马，和大臣立下誓约，'不是刘氏子弟却称王的，天下共同诛讨他'。现在如果封吕氏为王，是违背誓约的。"太后听了很不高兴。又去问左丞相陈平和绛侯周勃，周勃等人回答："高帝平定天下，封刘氏子弟为王；如今太后代行天子之职，封吕氏诸兄弟为王，没有什么不可以的。"太后大喜，于是退朝。王陵责备陈平、周勃："当初跟高帝歃血盟誓时，你们难道不在吗？如今高帝去世，太后是临朝执政的女主，却要封吕氏子弟为王。你们竟然纵容她的私欲，迎合她的心愿，违背与高帝立下的誓约，将来还有什么脸面见高帝于黄泉之下呢？"陈平、周勃说："如今在朝廷上当面反驳，据理净谏，我们比不上您；而要保全大汉天下，安定刘氏后代，您又比不上我们。"王陵无话可答。后来，周勃等人平定了诸吕之乱，迎立了汉文帝。

关于刘邦在取天下过程中的智诈权谋，在前人的史论中已经备述详尽，而本文则另立视角，选取了汉高祖刘邦"为了孙计"这一点出发，论述刘邦的过人智慧和谋略。欧阳修认为刘邦虽"暗于小"，"挟数用术"不及人，但"明于大"，"以太尉属勃""不去吕后"，欲斩樊哙，皆为防后患，"先为之规画处置"，此刘邦之所以能"安刘"也。"白马之盟"也是为巩固汉朝刘姓政权的辅助手段。

汉高祖挟数用术，以制一时之利害，不如陈平；揣摩天下之势，举指摇目以劫制项羽，不如张良。微此二人，则天下不归汉，而高帝乃木强之人而止耳。然天下已定，后世子孙之计，陈平、张良智之所不及，则高帝常先为之规画处置，以中后世之所为，晓然如目见其事而为之者。盖高帝之智，明于大而暗于小，至于此而后见也。

帝尝语吕后曰："周勃厚重少文，然安刘氏必勃也。可令为太尉。"方是时，刘氏既安矣，勃又将谁安耶？故吾之意曰：高帝之以太尉属勃也，知有吕氏之祸也。虽然，其不去吕后，何也？势不可也。昔者武王没，成王幼，而三监叛。帝意百岁后，将相大臣及诸侯王有武庚禄父者，而无有以制之也。独计以为家有主母，而豪奴悍婢不敢与弱子抗。吕后佐帝定天下，为大臣素所畏服，独此可以镇压其邪心，以待嗣子之壮。故不去吕氏者，为惠帝计也。

吕后既不可去，故削其党以损其权，使虽有变而天下不摇。是故以樊哙之功，一旦遂欲斩之而无疑。呜呼！彼岂独于哙不仁耶！且哙与帝偕起，拔城陷阵，功不为少矣。方亚父喙项庄时，微哙诮让羽，则汉之为汉，未可知也。一旦人有恶哙欲灭戚氏者，时哙出伐燕，立命平、勃即斩之。夫哙之罪未形也，恶之者诚伪未必也，且高帝之不以一女子斩天下之功臣，亦明矣。彼其娶于吕氏，吕氏之族若产、禄辈皆庸才不足愍，独唅豪健，诸将所不能制，后世之患，无大于此矣。夫高帝之视吕后也，犹医者之视堇也，使其毒可以治病，而无至于杀人而已矣。樊哙死，则吕氏之毒将不至于杀人，高帝以为是足以死而无忧矣。彼平、勃者，遗其忧者也。哙之死于惠之六年也，天也。使其尚在，则吕禄不可绐，太尉不得入北军矣。

或谓哙于帝最亲，使之尚在，未必与产、禄叛。夫韩信、黥布、卢绾皆南面称孤，而绾又最为亲幸，然及高祖之未崩也，皆相继以逆诛。谁谓百岁之后，椎埋屠狗之人，见其亲戚乘势为帝王而不欣然从之邪？吾故曰：彼平、勃者，遗其忧者也。

注释与讲疏：

汉高祖挟数用术[1]，以制[2]一时之利害，不如陈平[3]；揣摩[4]天下之势，举指摇目[5]以劫制[6]项羽，不如张良[7]。微[8]此二人，则天下不归汉，而高帝乃木强[9]之人而止耳。然天下已定，后世子孙之计，陈平、张良智之所不及，则高帝常先为之规画处置，以中[10]后世之所为，晓然[11]如目见其事而为之者。盖高帝之智，明于大而暗于小，至于此而后见也。

注释：

[1] **汉高祖挟数用术**：刘邦在掌握天道的规律、使用谋术方面。

[2] **制**：控制。

[3] **陈平**：西汉前期的重要谋臣，以功封曲逆侯。

[4] **揣摩**：考虑、猜度。

[5] **举指摇目**：指点观望，意思是出谋划策。

[6] **劫制**：威逼制服，引申为战胜。

[7] **张良**：字子房，刘邦身边的决策人物，汉初三杰之一。刘邦曾

说："夫运筹筞帷帐之中，决胜千里外，吾不如子房。"汉朝建立后封于留（今江苏省沛县东南），称"留侯"。

[8] **微**：非，无，如果没有。

[9] **木强**：性格耿直刚强。

[10] **中**：适应、符合。

[11] **晓然**：清楚明白的样子。

讲疏：

文章开始先退让一步，认为汉高祖刘邦在政治、军事方面不如陈平、张良，没有这两个人的辅助，刘邦难以取得天下。紧接着话语一转，指出在天下大定之后，在为后世子孙考虑方面，陈平、张良就不如刘邦了，刘邦预先为后世子孙坐稳江山做好了规划和安排。通过这件事情的处理，欧阳修认为刘邦是"明于大而暗于小"。

帝尝语[1]吕后[2]曰："周勃[3]厚重少文，然安刘氏必勃也。可令为太尉。"方是时[4]，刘氏既安矣，勃又将谁安耶？故吾之意曰：高帝之以太尉属勃也，知有吕氏之祸[5]也。虽然[6]，其不去[7]吕后，何也？势[8]不可也。昔者武王没[9]，成王[10]幼，而三监[11]叛。帝意百岁后[12]，将相大臣及诸侯王有武庚[13]禄父者，而无有以制之也。独计以为家有主母[14]，而豪奴悍婢不敢与弱子[15]抗。吕后佐帝定天下，为大臣素[16]所畏服，独此可以镇压其邪心，以待嗣子[17]之壮。故不去吕氏者，为惠帝[18]计也。

注释：

[1] **语**：告诉，用作动词。

[2] **吕后**：吕雉，刘邦的妻子，孝惠帝刘盈的母亲。

[3] **周勃**：西汉开国和安刘的重臣，官至太尉（全国最高军事长官）。

[4] **方是时**：正当这个时候，指刘邦说这句话的时候。

[5] **吕氏之祸**：刘邦死后，吕后执政，大封吕氏宗族为王，任用侄子

吕产、吕禄掌握南北军，实移刘姓政权归吕姓。吕后死，军权为周勃所夺，杀吕产、吕禄，故称"吕氏之祸"。

[6] **虽然**：既然如此，那么。

[7] **去**：去掉、铲除。

[8] **势**：形势、时机。

[9] **武王没**：武王指周武王姬发，周文王之子，公元前 1046 年率兵灭商，建立周朝。没（mò），同"殁"，死。

[10] **成王**：周成王，姬诵，公元前 1042 年继武王而立。

[11] **三监**：周武王灭了商朝，把商的旧都封给商纣王子武庚，并以殷都以东为卫国，封武王弟管叔作监，殷都以西为鄘国，封武王弟蔡叔作监，殷都以北为邶国，封武王弟霍叔为监，称三监。

[12] **帝意百岁后**：汉高帝料想在他去世后。帝，指汉高祖刘邦。意，料想、猜测。

[13] **武庚**：字禄父，殷纣王之子，殷亡后，被周武王封为诸侯。武王死，武庚与三监反对周公作乱，周公起兵讨灭他。

[14] **主母**：指吕后。

[15] **弱子**：指年幼的惠帝刘盈。

[16] **素**：平素、素常。

[17] **嗣（sì）子**：继承帝位的儿子，这里指惠帝刘盈。

[18] **惠帝**：刘盈，汉高帝长子。即位后，政权由其母吕后掌握，在位七年死。

讲疏：

这篇文章主要是论证汉高祖在预知吕氏之乱后，安排"周勃安刘"的做法和智慧。既然预知吕氏之祸，那为什么不提前除掉她呢？从这一设问出发，作者展开了层层论述。苏洵只回答了一句"势不可也"，即当时的形势不能这样做。接着分笔另写，不做正面解释，而是引了一段周初武王和成王时期的典故。以此类比，吕后曾辅佐刘邦定天下，"为大臣素所畏服"，只有她才可以镇住他们叛乱的野心，以待继承帝位的儿子长大。可见刘邦用心良苦，苏洵用典绝妙，刘邦没有废掉吕后的原因，是为惠帝考虑啊！

吕后既不可去，故削其党[1]以损其权，使虽有变而天下不摇。是故以樊哙[2]之功，一旦遂欲斩之而无疑。呜呼！彼岂独于哙不仁耶！且哙与帝偕起，拔城陷阵，功不为少矣。方亚父嗾项庄时[3]，微哙诮让羽[4]，则汉之为汉，未可知也。一旦人有恶哙欲灭戚氏者[5]，时哙出伐燕，立命平、勃即斩之。夫哙之罪未形[6]也，恶之者诚伪未必也，且高帝之不以一女子斩天下之功臣[7]，亦明矣。彼其娶于吕氏，吕氏之族若产、禄辈[8]皆庸才不足恤[9]，独哙豪健，诸将所不能制，后世之患[10]，无大于此矣。夫高帝之视吕后也，犹医者之视堇[11]也，使其毒可以治病，而无至于杀人而已矣。樊哙死，则吕氏之毒将不至于杀人，高帝以为是足以死而无忧矣。彼平、勃者，遗其忧者也。哙之死于惠之六年[12]也，天[13]也。使其尚在[14]，则吕禄不可给[15]，太尉[16]不得入北军矣。

注释：

[1] **党**：集团、党羽。

[2] **樊哙**（kuài）：汉初功臣。

[3] **方亚父嗾**（sǒu）**项庄时**：当亚父范增指使项庄在宴会上舞剑趁机斩杀刘邦的时候。亚父，指范增，是项羽的重要谋臣，由于德高望重，项羽尊他为"亚父"。嗾，指使、唆使。项庄，项羽的堂弟。

[4] **诮**（qiào）**让羽**：讥刺、责备项羽。

[5] **一旦人有恶哙欲灭戚氏者**：一天有人诋毁樊哙说他打算灭掉戚夫人。恶，毁谤、中伤。戚氏，即刘邦爱妃戚夫人，赵王如意的母亲，刘邦死后，被吕后残害而死。

[6] **未形**：未成形，即没有形成事实。

[7] **且高帝之不以一女子斩天下之功臣**：高祖刘邦不是因为樊哙欲杀

戚氏才令人斩他的。不以，不是因为。一女子，指戚氏。功臣，指樊哙。

[8] **若产、禄辈**：像产、禄等人。产，吕产，吕后的侄子，被吕后封为梁王，为汉相国，实际上掌握政权。禄，吕禄，吕后的侄子，被吕后封为赵王，为上将军，实掌兵权。吕后死后，诸吕欲反刘篡权，被周勃等诛杀。

[9] **恤（xù）**：忧虑、担心。

[10] **患**：祸患、灾难。

[11] **堇（jǐn）**：药名，即"乌头"，有毒，适量可治病，过量则毒杀人。

[12] **惠之六年**：汉惠帝刘盈六年，即公元前189年，樊哙死于这一年。

[13] **天**：天意。

[14] **使其尚在**：假设他（樊哙）还活着。

[15] **绐（dài）**：欺骗、哄骗。

[16] **太尉**：周勃时任太尉，但已无兵权。

讲疏：

这一段转入对高祖"智"的更进一层的分析，因为刘邦认为吕后毕竟是一株毒堇，为"使其毒可以治病，而无至于杀人"，就需要"削其党以损其权"。而樊哙是吕氏集团中唯一难对付的猛将，对这样一位功勋卓著而又十分危险的人物，刘邦也不会忽视的，为了巩固刘氏天下，借口樊哙"欲灭戚氏"，在他外出伐燕的时候，"立命平、勃即斩之"。但陈平等人出于私虑没有杀掉樊哙，这就遗留下了后患，使人担忧。不过，樊哙死于惠帝六年，没赶上诸吕之乱。

或谓[1]**哙于帝最亲，使之尚在，未必与产、禄叛。夫韩信**[2]**、黥布**[3]**、卢绾**[4]**皆南面称孤**[5]**，而绾又最为亲幸，然及高祖之未崩也，皆相继以逆诛。谁谓百岁之后，椎埋屠狗之人**[6]**，见其亲戚乘势为帝王而不欣然**[7]

从之邪？吾故曰：彼平、勃者，遗其忧者也。

注释：

[1] **或谓**：同"或曰"，有人说，表示设问。

[2] **韩信**：淮阴（今江苏省淮安市）人，先随项羽，不被重视，又投靠刘邦，拜为大将军，南征北战，自立为齐王，刘邦徙封为楚王，后降为淮阴侯。高祖十一年（公元前196年），因谋反被吕后所杀。

[3] **黥（qíng）布**：秦末六县（今安徽省西部）人，原名英布，因犯法受过黥刑（面上刺字），所以又叫"黥布"。秦末率刑徒起兵，先随项羽，是一员猛将，被封为九江王。后降汉，被封为淮南王。汉杀韩信、彭越，黥布怕被杀，高祖十二年（公元前195年）举兵反叛，战败被杀。

[4] **卢绾（wǎn）**：刘邦的同乡，好朋友。随刘邦起兵，被封为燕王，因反叛被汉兵打败，逃往匈奴，被匈奴单于封为东胡卢王，后死于匈奴。

[5] **南面称孤**：南面称王。南面，古代以面向南为尊位，君王临朝南面而坐，因此把登上王位称为"南面而王"。孤，古代王、侯自称。

[6] **椎（chuí）埋屠狗之人**：指樊哙。椎埋，杀人埋葬其尸体，泛指杀人。屠狗，樊哙曾以屠狗为生。

[7] **欣然**：高兴的样子。

讲疏：

在这最后一段，苏洵提出了自己对樊哙的看法，他认为像樊哙这样的"椎埋屠狗之人"，在"其亲戚乘势为帝王"的情况下，一定会很乐意跟从的。应该说，苏洵的分析和推理，以及对樊哙的看法是新奇而又能自圆其说的。联系到韩信、黥布、卢绾能在高祖还在世时反叛，那么，高祖百年之后，樊哙趁着吕后的势力，怎会不"欣然从之邪"呢？那陈平、周勃就是留下来对付他这个忧虑的。

参考译文：

掌握天道的规律，使用谋术，从而挟制一时的情势使它朝有利于自己的方向发展，在这方面汉高祖不如陈平；揣摩天下的形势，举起手指用眼睛示意就能遏制项羽，在这方面汉高祖不如张良。如果没有这两个人，那么天下就不会一统归汉，汉高祖也只是性格耿直刚强的人而已。但是天下已经安定下来，为后代子孙考虑，就是陈平、张良的智慧达不到的了，高祖曾经预先为后代子孙做好规划和安排，以符合后世形势的发展，明白得好像是亲眼看着那样的事而安排处理的。大概高祖的智慧，在大事方面精明，在小事方面暗昧，在这些事情上才能显现出来。

高祖曾经对吕后说："周勃忠厚稳重缺少文才，但是将来能够使刘氏天下安定的一定是周勃，可以让他做太尉。"在这时候，刘氏的天下已经安定了，周勃又将安定谁的天下呢？所以我的想法是，高祖把太尉的职位交给周勃，知道将来有吕氏的祸患。既然这样，他没有废掉吕后，这是为什么呢？形势使他不可以这样做。过去周武王去世，成王年幼，因而管叔、蔡叔、霍叔三个监国大臣叛乱。高祖预料他死后，会有像武庚禄父一样叛乱的将相大臣和诸侯王，但没有制服他们的人。他只是考虑到家里有一个主妇在，那些豪横强悍的奴才和婢女就不敢和年幼的子女对抗。吕后辅佐皇帝平定天下，向来被大臣敬畏佩服，只有她才可以镇住他们叛乱的野心，用来等待继承帝位的儿子长大。他没有废掉吕后的原因，是为惠帝考虑啊！

吕后既然不可以废掉，所以高祖削弱她的党羽来削减她的权势，使得即使有变故但刘氏天下根基不会动摇。因此，凭着樊哙的功劳，忽然有一天要杀他却没有迟疑。哎呀！他难道仅仅是对于樊哙不仁吗？况且樊哙和高祖一同起兵，他攻克城池，冲锋陷阵，功劳不小，当初在鸿门宴上亚父范增唆使项庄舞剑要刺杀刘邦时，如果不是樊哙责备项羽，那么汉朝能否建立，还无法知道。一旦有人中伤樊哙，说他要灭掉戚夫人，当时樊哙奉命在外讨伐燕国，高祖立刻命令陈平、周勃当即将他斩杀。当时，樊哙的罪行还没有暴露，中伤他的人说的是真是假还不一定，并且高祖不会因为一个女子而杀掉国家的功臣，也是很明显的。他娶了吕后，吕后的宗族像吕产、吕禄之类都是庸才不值得顾虑，只有樊哙是豪杰，是诸将所不能遏制的，后代的祸患没有比他更大的了。高祖看待吕后，如同医生看待堇这种毒药，让它的毒性可以治病，却不至于毒死人罢了。樊哙死了，那么吕后的毒性将不至于杀人了，高祖认为杀了樊哙就足以使他死后没有忧患了。那陈平、周勃是高祖留给吕后的忧患。樊哙死在惠帝六年，是天意，假使他还活着，那么吕禄就不会被骗，太尉周勃也没法进入北军。

有人说樊哙对于高祖来说是最亲近的人，假使他还活着，未必会与吕产、吕禄一起叛乱。韩信、黥布、卢绾都是南面称王的人，并且卢绾与高祖最为亲近受宠幸，但是趁着高祖没死的时候，他们都相继因为叛逆而被诛杀。谁说高祖去世之后，杀人屠狗出身的人，看到他的亲戚能够做皇帝而不欣然跟从呢？所以我说，那陈平、周勃是高祖留给吕后的忧患。

文史共读之一：《史记·高祖本纪》节选

　　高祖击布 [1] 时，为流矢所中，行道病。病甚，吕后迎 [2] 良医。医入见，高祖问医。医曰："病可治 [3]。"于是高祖嫚骂 [4] 之曰："吾以布衣提三尺剑取天下，此非天命乎？命乃在天，虽 [5] 扁鹊 [6] 何益！"遂不使治病，赐金五十斤罢之。已而吕后问："陛下百岁 [7] 后，萧相国即 [8] 死，令谁代之？"上曰："曹参可。"问其次，上曰："王陵可。然陵少戆 [9]，陈平可以助之。陈平智有余，然难以独任。周勃重厚少文，然安刘氏者必勃也，可令为太尉。"吕后复问其次，上曰："此后亦非而所知也 [10]。"

注释：

[1] **布**：淮南王英布。参见前注。

[2] **迎**：请。

[3] **病可治**：病不可治的委婉说法。

[4] **嫚（màn）骂**：谩骂。

[5] **虽**：即使。

[6] **扁鹊**：据说是黄帝时期的神医。战国时期的秦越人因医术高明，与扁鹊相类，也号称扁鹊。

[7] **百岁**：死的讳称。

[8] **即**：假如、如果。

[9] **少戆（gàng）**：稍微憨厚粗疏而认死理。

[10] **此后亦非而所知也**：这以后也不是你所知道的了。而，你。

参考译文：

高祖攻打英布时，被流矢射中，行进途中得了病。病情严重，吕后请来好医生。医生进去见高祖，高祖询问医生，医生说："病可以治好。"于是高祖谩骂医生说："我以一个布衣平民，手提三尺剑取得天下，这不是天命吗？命运在天，即使有扁鹊，又有什么用处！"高祖不让医生治病，赏赐黄金五十斤，叫他离去。不久吕后问高祖："陛下百年以后，萧相国如果死了，让谁接替他？"高祖说："曹参可以。"又问其次，高祖说："王陵可以。然而王陵稍微憨直，陈平可以帮助他。陈平智慧有余，然而难以独任。周勃稳重厚道，缺少文才，但能安定刘氏天下的一定是周勃，可以让他做太尉。"吕后又问其次，高祖说："这以后也不是你所能知道的。"

文史共读之二：《史记·绛侯周勃世家》节选

勃为人木强[1]敦厚[2]，高帝以为可属[3]大事。勃不好文学[4]，每召诸生说士，东乡坐[5]而责之："趣为我语[6]。"其椎[7]少文如此。

注释：

[1] **木强**：性格憨厚刚直。木，质朴、朴实。

[2] **敦厚**：厚重、笃诚。

[3] **属（zhǔ）**：委托、托付。

[4] **不好文学**：指不讲究辞令，不善修饰自己的语言。

[5] **东乡坐**：指自己东向坐。乡，通"向"。古人在座位上，以东向坐为尊，自己面对宾客东向坐，是一种不客气、不谦让的表现。周勃的性格应当是这样的。

[6] **趣（cù）为我语**：快点给我说。呵斥说话者不要拐弯抹角，不要引经据典、废话连篇。趣，赶快、急速。

[7] **椎（chuí）**：朴实、椎钝、直来直去。

参考译文：

周勃为人质朴刚强，老实忠厚，高祖认为可以嘱托大事。周勃不喜爱文辞学问，每次召见儒生和游说之士，他面向东坐着，要求他们："赶快对我说吧！"他的质朴少文采就像这个样子。

识与势：苏轼的读书得间

论周东迁

宋·苏轼

题解：

西周末年，周幽王因宠爱褒姒，废掉申后和太子宜臼，并演出了那一幕让人心惊肉跳的"烽火戏诸侯"的闹剧，被申侯联合缯、犬戎等攻杀于骊山下，西周灭亡，太子宜臼被申、鲁、许等国拥立为天子，这就是周平王。《史记》载："平王立，东迁于雒邑，辟戎寇。平王之时，周室衰微，诸侯强并弱，齐、楚、秦、晋始大，政由方伯。"迁都后，史称东周，由晋郑两国夹辅立国，周天子的地位一落千丈。本文是论说周王朝东迁洛邑一事，作者引用了大量史料，证明东迁的失策，实在是有的放矢。当时北宋王朝在北方少数民族频繁入侵骚扰的局势下，有意迁都，以避其锋。苏轼反对这一"避寇而迁都"的做法，并写下这篇文章来借古喻今。

太史公曰："学者皆称周伐纣，居洛邑。其实不然。武王营之，成王使召公卜居之，居九鼎焉。而周复都丰、镐。至犬戎败幽王，周乃东徙于洛。"苏子曰：周之失计，未有如东迁之缪者也。自平王至于亡，非有大无道者也。赧王之神圣，诸侯服享，然终以不振，则东迁之过也。昔武王克商，迁九鼎于洛邑，成王、周公复增营之。周公既没，盖君陈、毕公更居焉，以重王室而已，非有意于迁也。周公欲葬成周，而成王葬之毕，此岂有意于迁哉？

今夫富民之家，所以遗其子孙者，田宅而已，不幸而有败，至于乞假以生可也，然终不敢议田宅。今平王举文、武、成、康之业，而大弃之，此一败而鬻田宅者也。夏、商之王，皆五六百年，其先王之德，无以过周，而后王之败，亦不减幽、厉，然至于桀、纣而后亡。其未亡也，天下宗之，不如东周之名存而实亡也。是何也？则不鬻田宅之效也。

盘庚之迁也，复殷之旧也。古公迁于岐，方是时，周人如狄人也，逐水草而居，岂所难哉？卫文公东徙渡河，恃齐而存耳。齐迁临淄，晋迁于绛、于新田，皆其盛时，非有所畏也。其余避寇而迁都，未有不亡；虽不即亡，未有能复振者也。

春秋之时，楚大饥，群蛮叛之，申、息之北门不启，楚人谋徙于阪高。蔿贾曰："不可。我能往，寇亦能往。"于是乎以秦人、巴人灭庸，而楚始大。苏峻之乱，晋几亡矣，宗庙宫室，尽为灰烬。温峤欲迁都豫章，三吴之豪欲迁会稽，将从之矣，独王导不可，曰："金陵，王者之都也。王者不以丰俭移都。若弘卫文大帛之冠，何适而不可？不然，虽乐土为墟矣。且北寇方强，一旦示弱，窜于蛮越，望实皆丧矣。"乃不果迁，而晋复安。贤哉导也，可谓能定大事矣。嗟夫，平王之初，周虽不如楚之强，顾不愈于东晋之微乎。使平王有一王导，定不迁之计，收丰镐之遗民，而修文、武、成、康之政，以形势临东诸侯，齐、晋虽强，未敢贰也，而秦何自霸哉！

魏惠王畏秦，迁于大梁。楚昭王畏吴，迁于鄀。顷襄王畏秦，迁于陈。考烈王畏秦，迁于寿春。皆不复振，有亡征焉。东汉之末，董卓劫帝，迁于长安，汉遂以亡。近世李景迁于豫章，亦亡。吾故曰：周之失计，未有如东迁之缪者也。

注释与讲疏：

太史公[1]曰："学者皆称周伐纣[2]，居洛邑[3]。其实不然。武王营之[4]，成王使召公[5]卜居[6]之，居九鼎焉[7]。而周复都丰、镐[8]。至犬戎[9]败幽王[10]，周乃东徙于洛。"苏子[11]曰：周之失计，未有如东迁之缪[12]者也。自平王至于亡，非有大无道者也。髭王[13]之神圣，诸侯服享，然终以不振，则东迁之过也。昔武王克商，迁九鼎于洛邑，成王[14]、周公[15]复增营之。周公既没[16]，盖君陈[17]、毕公[18]更居焉，以重王室而已，非有意于迁也。周公欲葬成周[19]，而成王葬之毕[20]，此岂有意于迁哉?

注释：

[1] **太史公**：司马迁，汉代史学家、文学家。

[2] **周伐纣**：指发生在公元前1046年的武王伐纣。伐，征讨、攻打。

[3] **洛邑**：洛阳的古称，在今河南省洛阳市。

[4] **武王营之**：周武王伐纣灭商后，曾营筑洛邑。营，营造、营建。

[5] **召公**：姬奭（shì），周文王之子，辅佐周武王开国的重臣。

[6] **卜居**：用占卜的方式选择居住地址。

[7] **居九鼎焉**：把象征国家政权的传国之宝九鼎安放在这里。

[8] **丰、镐（hào）**：西周的国都。周文王建都于丰，在今陕西省西安市西南沣河以西。武王迁镐，在沣河以东。丰和镐虽分处沣河两岸，实际是一个都城的两个分区。

[9] **犬戎**：西北方的游牧民族，经常入侵西周，威胁镐京。

[10] **幽王**：周幽王，周宣王之子，周平王之父，西周的亡国之君，公元前781—公元前771年在位。

[11] **苏子**：苏轼自称。子，古代男子的通称，可称人，也可称己。

[12] **缪**：通"谬"，荒谬。

[13] **髭（zī）王**：周灵王，周简王之子，因一生下来就有髭须，被赋

予了神圣的光环。

[14] **成王**：周成王姬诵，周武王之子，公元前 1042—公元前 1021 年在位。

[15] **周公**：姬旦，周文王之子，周武王之弟，因封地在周，故称周公。周武王去世后曾受诏辅佐成王。

[16] **没**：殁、死。

[17] **君陈**：周公之子，伯禽之弟。

[18] **毕公**：姬高，周文王姬昌第十五子，周武王之弟，西周时的开国大臣。

[19] **成周**：西周王朝的京师，位于河南省洛阳市（古称洛邑）。周武王灭殷商后就着手在中原建立新都，是为成周。

[20] **毕**：毕原，古地名，周文王之墓所在地，在今陕西省西安市附近。

讲疏：

这一段首先引用了《史记·周本纪》中有关平王东迁的一段话，明确东周迁都的史实，然后提出"周之失计，未有如东迁之缪者也"的中心观点，苏轼认为自周平王以后并没有特别无道的君主，但最后亡国是因为迁都。

今夫富民之家，所以遗其子孙者，田宅而已，不幸而有败，至于乞假 [1] 以生可也，然终不敢议田宅。今平王举文、武 [2]、成、康 [3] 之业，而大弃 [4] 之，此一败而鬻田宅者也。夏、商之王，皆五六百年，其先王之德，无以过周，而后王之败，亦不减幽、厉 [5]，然至于桀 [6]、纣而后亡。其未亡也，天下宗 [7] 之，不如东周之名存而实亡也。是何也？则不鬻田宅之效 [8] 也。

注释：

[1] **假**：借。

[2] **文、武**：周文王、周武王，周朝开国之君。

[3] **成、康**：周成王、周康王。成康时期是周朝的兴旺时期，史称"成康之治"。

[4] **弃**：抛弃、放弃。

[5] **不减幽、厉**：不比幽、厉逊色，意思是比幽、厉更坏。幽，周幽王，见前文。厉，周厉王姬胡，公元前 877—公元前 841 年在位，残酷暴虐，"国人暴动"后厉王逃出镐京，越过黄河，逃到了周朝边界的彘（今山西省霍州市东北）。

[6] **桀（jié）**：姒姓，名履癸，夏朝亡国之君。

[7] **宗**：尊崇朝见。

[8] **不鬻（yù）田宅之效**：不卖田宅的效果，这里是指不迁都的结果。鬻，卖。

讲疏：

这一段开始围绕中心观点展开论述，作者把田宅看作立家之本，家有不幸，可以乞讨为生，但不能卖田宅，卖田宅就是卖祖宗之业。国家也是这样，都城就像家族的田宅，国力再弱，遇有昏君，只要不迁都，就可以苟活。还列举夏、商两朝作为对比，东周虽然没有昏君，但迁都以后也是名存实亡。

盘庚[1] **之迁也，复殷之旧**[2] **也。古公迁于岐**[3]**，方是时，周人如**[4] **狄人也，逐水草而居，岂所难哉？卫文公**[5] **东徙渡河，恃齐而存耳。齐迁临淄**[6]**，晋迁于绛**[7]**、于新田**[8]**，皆其盛时，非有所畏也。其余避寇而迁都，未有不亡；虽不即亡，未有能复振者也。**

注释：

[1] **盘庚**：商王祖丁之子，阳甲之弟，商朝君主。在位期间迁都至殷（今河南省安阳市），并在迁都后重新施行商汤时期的政治制度，百姓得以安居乐业，商朝也因此再度兴盛，诸侯重新前来朝贡。迁殷以后，商

朝政治基本稳定，都城不再迁徙。盘庚也被称为"中兴之主"，所以商又称"殷"。

[2] **复殷之旧**：指恢复商代先王的政治制度、旧有的美德和习惯。

[3] **古公迁于岐**：古公迁于岐山下的周原。古公，即古公亶父——姬亶（dǎn），古代周氏族领袖，周文王的祖父，原居豳（今陕西省旬邑县），因戎狄侵逼，无力抵抗，率众迁于岐山下的周原（今陕西省岐山县），建筑城郭，设置官吏，开荒种地，发展生产，使周强盛起来。

[4] **如**：如同，像，和……一样。

[5] **卫文公**：春秋时期卫国国君，公元前659—公元前635年在位。由于戎狄侵入卫，卫文公率领卫国民众东迁渡黄河，后来依靠齐桓公的帮助，在楚丘建城市、造宫殿，国力逐渐恢复过来。

[6] **临淄**：今山东省淄博市临淄区。

[7] **绛**：今山西省翼城县。

[8] **新田**：今山西省侯马市西。

讲疏：

本段列举了几个迁都成功的例子，并指出其成功的原因，如盘庚之迁是"复殷之旧"，周人之迁是"逐水草而居"，卫国之迁是"恃齐而存"，齐、晋之迁是"皆其盛时"，都不是有所畏惧而迁都的。接下来顺势提出了"避寇而迁都，未有不亡"的中心观点，回答了"东迁"之"缪"在何处的问题。下面的两段文字分别从正反两方面来论述"东迁之缪"。

　　春秋 [1] 之时，楚大饥 [2]，群蛮叛之，申、息之北门不启 [3]，楚人谋徙于阪高 [4]。芳贾 [5] 曰："不可。我能往，寇亦能往。"于是乎以秦人、巴人灭庸 [6]，而楚始大。苏峻 [7] 之乱，晋几亡矣，宗庙宫室，尽为灰烬。温峤 [8]欲迁都豫章 [9]，三吴 [10] 之豪欲迁会稽 [11]，将从之矣，独王导 [12] 不可，曰："金陵 [13]，王者之都也。王者不以丰俭移都。若弘卫文 [14] 大帛之冠 [15]，何适而不可？不然，虽乐土为墟[16]矣。且北寇[17]方强，一旦示弱，窜于蛮越，望实皆丧矣。"乃不果迁[18]，而晋复安。贤哉导也，可谓能定大事矣。嗟夫，平王之初，周虽不如楚之强，顾不愈于东晋之微乎。使平王有一王导，定不迁之计，收丰镐之遗民，而修[19]文、武、成、康之政，以形势临[20]东诸侯，齐、晋虽强，未敢贰[21]也，而秦何自霸哉！

注释：

[1] **春秋**：通常用来指东周前半期的历史阶段，一般来说是指公元前770—公元前476年。

[2] **饥**：饥荒、灾年。

[3] **申、息之北门不启**：因为申、息北接中原，所以为防止来自北方诸侯的入侵，这两座城邑的北门不敢打开。申，申城，今河南省南阳市北。息，息城，今河南省息县南。启，开。

[4] **阪（bǎn）高**：地名，即"长坂"。在今湖北省当阳市东北，是楚国比较险要的地方。

[5] **芳（wěi）贾**：芈（mǐ）姓芳氏，名贾，字伯嬴。春秋时期楚国司马，楚国名相孙叔敖之父。

[6] **以秦人、巴人灭庸**：依靠秦人、巴人灭掉了庸。巴，春秋时的小国，在今重庆、四川、湖北一带。庸，春秋时的小国，曾随同武王伐纣，地处巴、秦、楚三国之间，建都上庸（今湖北省竹山县西南），公元前611年被楚国利用巴、秦之力所灭。

[7] **苏峻**：东晋时期将领、叛臣。公元327年苏峻以讨伐庾亮为名，起兵反叛，次年攻入建康，专擅朝政。同年，温峤、陶侃起兵讨伐，苏峻战败被杀。

[8] **温峤**：东晋时期名将，曾参与平定王敦之乱和苏峻之乱。

[9] **豫章**：在今江西省南昌市。

[10] **三吴**：指吴兴、吴郡、会稽三郡。

[11] **会稽**：在今浙江省绍兴市。

[12] **王导**：出身琅邪王氏。晋明帝时任司徒、太保，受遗诏辅佐幼主（晋成帝），他反对迁都。

[13] **金陵**：晋朝都城，在今江苏省南京市。

[14] **卫文**：卫文公。

[15] **大帛之冠**：指粗布做的帽子，形容卫文公的生活作风简单朴素。

[16] **墟**：废墟。

[17] **北寇**：此处指和东晋对峙的北方政权。

[18] **不果迁**："果不迁"。果，果然。

[19] **修**：循，遵循；学习。

[20] **临**：面临、监视。

[21] **贰**：有二心，有背叛之心。

讲疏：

这一段首先列举了楚国因芌贾的建议而没有迁都，后来依靠秦人、巴人灭掉了庸国而"楚始大"的事例；其次介绍了晋朝因王导的坚决反对而没有迁都，结果"晋复安"的事例，然后对王导大加赞美；最后进行假设，让王导来辅佐周平王收遗民、修遗政，以此形势来面对东边的诸侯国，肯定会出现齐晋未敢贰、而秦何自霸的局面，再一次论证了"避寇而迁都，未有不亡"的观点。

魏惠王 [1] **畏秦，迁于大梁** [2]**。楚昭王** [3] **畏吴，迁于郢** [4]**。顷襄王** [5] **畏秦，迁于陈** [6]**。考烈王** [7] **畏秦，迁于寿春** [8]**。皆不复振** [9]**，有亡征** [10] **焉。东汉之末，董卓劫帝** [11]**，迁于长安，汉遂以亡。近世李景** [12] **迁于豫章，亦亡。吾故曰：周之失计，未有如东迁之缪者也。**

注释：

[1] **魏惠王**：名䓨，公元前369—公元前319年在位。在位时，都城安邑靠近秦国，为了躲避秦、赵、齐的入侵，魏惠王决定迁都大梁。

[2] **大梁**：在今河南省开封市。

[3] **楚昭王**：名轸，公元前515—公元前489年在位。在位时，吴兵攻入郢都，楚昭王惧吴，迁都鄀。

[4] **鄀**：在湖北省宜城市东南。

[5] **顷襄王**：楚顷襄王，名横，公元前298—公元前263年在位。在位时，秦将白起攻占郢都，楚被迫迁于陈城。

[6] **陈**：在今河南省周口市淮阳区。

[7] **考烈王**：楚考烈王，名元，公元前262—公元前238年在位。楚顷襄王之子，惧怕秦国，迁都于寿春。

[8] **寿春**：在今安徽省寿县。

[9] **振**：振作、振兴、奋起。

[10] **征**：征兆，表露出来的迹象。

[11] **董卓劫帝**：东汉末年，董卓挟持汉献帝从洛阳迁都到长安。董卓，东汉末年军阀、权臣。

[12] **李景**：李璟，初名徐景通，字伯玉，五代时南唐中主，公元943—961年在位，与其子李煜都是著名词人。

讲疏：

这一段作者又列举了六个因迁都而亡的实例，证明了"周之失计"其"缪"在于"避寇而迁都"的观点。行文至此，作者旁征博引，评介从盘庚之迁至五代南唐中主李璟共十三个迁都的例子，字里行间透着作者的喜好，也反映了其行文逻辑：从提出"周之失计，未有如东迁之缪者也"的论点，再到探讨其"缪"在何处，即"避寇而迁都"，中间突出写了王导反对迁都而"晋复安"的例子，还假设周平王有王导辅佐会出现的局面，可见苏轼真正推崇的是王导这样的贤臣。

苏轼为文立论，常能以一字概括，贯穿本文始终的是"迁"字。明代学者茅坤在《唐宋八大家文钞》中说："予览此文，以'迁'之一字为案，以无畏而迁者五，以有畏而不果迁者二，以畏而迁者六，共十三国，以错证存亡处如一线矣。"当时的北宋王朝在北方少数民族的威胁下，有意将京城南迁，以避锋芒。苏轼反对南迁，就借古讽今写了这篇文章。后来宋朝的局势果然被苏轼言中，迁都临安（今浙江省杭州市）而后亡。

参考译文：

太史公说："学者都说周伐纣王之后就住在了洛邑。实际情况不是这样的。周武王营建了洛邑，周成王派召公占卜之后选择住在洛邑，把象征国家政权的传国之宝九鼎迁到了洛邑。而周又回到故都丰、镐。直到犬戎打败周幽王，周才东迁到了洛邑。"苏轼说：周朝的失策，没有像东迁这样错误的。从周平王到周朝灭亡，并没有特别无道的君王，而且周灵王因生下来就有髭须，还被赋予了神圣的光环，诸侯也都服从进贡，然而最终也没有能够振兴周王室，这都是东迁的过错啊。从前周武王打败了商纣王，把九鼎迁到了洛邑，周成王、周公又扩张营建。周公去世后，君陈、毕公先后住在洛邑，是用来增加周王室的威权的，并没有要东迁的想法。周公希望死后葬于成周，而周成王却把他葬在了毕原，这哪里有东迁的想法呢？

现在那些富裕的人家，留给子孙后代的东西，只有田宅罢了。即使遭受不幸而败落，到了依靠乞求借贷而生存的程度，然而终究不敢去卖掉田宅。现在周平王把文王、武王、成王、康王的祖宗基业全部放弃，放弃国都而东迁，就如同富家子弟一旦败落就出卖父祖留下的田宅一样。夏朝、商朝统治天下都有五六百年，他们先王的品德没有超过周朝的，他们后代诸王败落的情况也比周幽王、周厉王更坏，可是他们到了桀、纣这样的昏君时才灭亡。他们没有亡国的时候，天下诸侯都尊崇他们，不像东周那样名存实亡。这是什么原因呢？是不卖祖传田宅的结果。

盘庚迁都到殷，是为了恢复商代先王的政治制度、旧有的美德和习惯。古公迁都到岐，在那时，周人和狄人一样，也都是过着逐水草而居的游牧生活，迁都哪里有什么困难呢？卫文公东迁渡过黄河，依靠齐国

而使国家得以保全。齐国迁都临淄，晋国迁都到绛、新田，都是在他们
强盛的时候，并不是有所畏惧才迁都的。其他国家因为躲避贼寇而迁都
的，没有不灭亡的；即使没有立即灭亡，也没有能够复兴的。

　　春秋的时候，楚国发生了大饥荒，很多少数民族都反叛了，连通北
方的申、息这两座城邑的北门也不敢打开，楚国人商议迁都到阪高。芴
贾说："不行。我们能够前去阪高，贼寇也能前去。"于是依靠秦人、巴
人灭掉了庸，而楚国才得以强大。东晋的苏峻叛乱的时候，晋朝几乎要
灭亡了，宗庙宫室全部被烧成了灰烬。温峤想迁都到豫章，三吴的豪族
想迁都到会稽，大家正要跟从他们，只有王导不同意，说："金陵是王者
之都。作为帝王不能因为丰收或歉收而迁都，如果能够弘扬卫文公戴着
粗布帽子的简单朴素的生活作风，那在哪里定都不可以呢？如果做不到
这样的节俭，即使是乐土也会变成废墟的。况且北方的敌人正强大，一
旦示弱，逃亡到蛮越之地，国家的威望和实力就都失去了。"于是最终没
有迁都，而晋室又得以安定。王导是个贤人啊，可以说能定夺大事啊。
唉，周平王初年，周朝虽然不如楚国强大，难道还不能胜过衰弱的东晋
吗？假使周平王有一个王导这样的大臣，定下不迁都的计策，收拢故都
丰、镐的遗民，而遵循文王、武王、成王、康王的治国之道，凭借这样
的形势来监视崤山以东的各诸侯，齐国、晋国虽然强大，也不敢有背叛
之心，而秦国凭什么敢称霸呢！

　　魏惠王因害怕而避开秦国，把都城迁到了大梁。楚昭王因害怕而避
开吴国，把都城迁到了都。楚顷襄王因害怕而避开秦国，把都城迁到了
陈。楚考烈王因害怕而避开秦国，把都城迁到了寿春。这些国家在迁都
之后再也没有振兴起来，因为在"避敌而迁都"的行动中寓含了国家将
要灭亡的征兆。东汉末年，董卓胁迫汉献帝迁都到了长安，汉朝也就随
之而灭亡了。最近的南唐中主李璟把都城迁到了豫章，也灭亡了。所以
我说：周朝的失策没有像东迁这样错误的了。

文史共读：《史记·周本纪》节选

三年，幽王嬖[1]爱褒姒[2]，褒姒生子伯服，幽王欲废太子。太子母，申[3]侯女，而为后。后幽王得褒姒，爱之，欲废申后，并去太子宜臼，以褒姒为后，以伯服为太子。……太史伯阳[4]曰："祸成矣，无可奈何！"

褒姒不好笑，幽王欲其笑万方[5]，故[6]不笑。幽王为烽燧大鼓[7]，有寇至则举烽火。诸侯悉至，至而无寇，褒姒乃大笑。幽王说之，为数举烽火。其后不信，诸侯益亦不至。

幽王以虢石父[8]为卿，用事，国人皆怨。石父为人佞巧善谀好利，王用之。又废申后，去太子也。申侯怒，与缯[9]、西夷犬戎[10]攻幽王。幽王举烽火征兵，兵莫至。遂杀幽王骊山[11]下，虏褒姒，尽取周赂[12]而去。于是诸侯乃即申侯而共立故幽王太子宜臼，是为平王，以奉周祀。

平王立，东迁于雒邑[13]，辟[14]戎寇。平王之时，周室衰微，诸侯强并弱，齐、楚、秦、晋始大，政由方伯[15]。

注释：

[1] **嬖**（bì）：宠幸、宠爱。

[2] **褒**（bāo）**姒**（sì）：周幽王宠妃，褒国人。褒国国君为有褒氏，姒姓。褒国故城在今陕西省汉中市勉县东。

[3] **申**：申侯之国，指西周初年受封的姜姓诸侯国，在今陕西省宝鸡市眉县东北；因位于宗周以西，故别称为"西申"。后申侯之女成为周平王之母。

[4] **太史伯阳**：伯阳父，西周宣王、幽王时的太史。

[5] **万方**：千方百计。

[6] **故**：通"固"，就是。

[7] **烽燧大鼓**：古代边境报警的用具，这里作动词，意即点燃烽燧，

搧鼓告急。

[8] **虢（guó）石父**：西虢国（今陕西省宝鸡市）君主。周幽王时为上卿，据称"烽火戏诸侯"就是他的主意，最后导致了西周的灭亡。

[9] **缯（zēng）**：缯国，也作"鄫国"。在今山东省临沂市兰陵县。

[10] **西夷犬戎**：少数民族名，当时活动于临近今陕西、甘肃一带。

[11] **骊山**：在今陕西省西安市临潼区东南。

[12] **周赂（lù）**：周王室所藏的财宝。

[13] **雒（luò）邑**：洛邑，即王城。东周的王城在今洛阳市内王城公园一带。

[14] **辟**：通"避"，避开、躲避。

[15] **方伯**：古代诸侯中势力强大的领袖。

参考译文：

周幽王三年（公元前779年），幽王宠爱褒姒。褒姒生下儿子伯服，幽王想废掉太子。太子的母亲是申侯的女儿，也是王后。后来幽王得到了褒姒，十分喜爱她，想废掉申后，同时废掉太子宜臼，立褒姒为王后，立伯服为太子……太史伯阳说："灾祸已经形成了，没有什么办法了！"

褒姒不爱笑，周幽王就千方百计逗她笑，但她就是不笑。幽王在各地设有烽燧和大鼓，有敌人进犯就点起烽火。有一次幽王点燃烽火，诸侯都赶过来，却没有看到敌人，褒姒于是大笑。幽王很高兴，就为褒姒多次点燃烽火。后来诸侯都不再相信幽王，看到点燃烽火也不来了。

幽王任命虢石父为卿士，管理国政，国人都有怨言。虢石父为人巧言令色，擅长阿谀奉承，贪图财利，幽王却重用他。幽王又废黜了申后，赶走了太子。申侯很生气，联合缯国、西方的犬戎攻打幽王。幽王点燃烽火征召诸侯的军队，诸侯的军队都没有赶来。于是他们在骊山下把幽王杀死了，掳走了褒姒，把周朝的财物洗劫一空才离开。于是诸侯都到申侯那里，共同拥立幽王以前的太子宜臼为天子，这就是平王，由他来继承周朝的祭祀。

平王即位以后，把都城向东迁到雒邑，躲避西戎的敌人。平王在位的时候，周王室日渐衰败，诸侯中强大的兼并了弱小的，齐、楚、秦、晋等国开始壮大起来，一切政令都要得到称霸的诸侯的首肯。

论项羽范增

宋·苏轼

题解：

范增的人物事迹在司马迁的《史记·项羽本纪》中有较为详细的记载。他帮助项梁起事，建议项梁立楚怀王的后代以顺应民心，后来辅佐项羽，被尊称为"亚父"。他在鸿门宴上力主刺杀刘邦，项羽不听。后来汉王刘邦采用陈平的反间计，离间项羽与谋臣范增的关系，项羽削弱了范增的权力，范增愤然离去，在回乡的途中病发死去。对于范增的评价历来多是说他不应该离开项羽，毕竟有君臣之分，臣子应该为君上鞠躬尽瘁，死而后已。但苏轼一改传统的看法，提出了新颖的观点，而且言之成理。他认为范增也是"人杰"，不仅说他应该离开项羽，还遗憾地说他离得太迟了。

汉用陈平计，间疏楚君臣，项羽疑范增与汉有私，稍夺其权。增大怒曰："天下事大定矣，君王自为之，愿赐骸骨归卒伍。"归未至彭城，疽发背死。

苏子曰："增之去善矣。不去，羽必杀增。独恨其不早耳。"然则当以何事去？增劝羽杀沛公，羽不听，终以此失天下。当于是去耶？曰："否。增之欲杀沛公，人臣之分也，羽之不杀，犹有君人之度也。增曷为以此去哉？《易》曰：'知几其神乎！'《诗》曰：'如彼雨雪，先集维霰。'

增之去，当于羽杀卿子冠军时也。"

陈涉之得民也，以项燕、扶苏。项氏之兴也，以立楚怀王孙心，而诸侯叛之也，以弑义帝。且义帝之立，增为谋主矣，义帝之存亡，岂独为楚之盛衰，亦增之所与同祸福也。未有义帝亡而增独能久存者也。羽之杀卿子冠军也，是弑义帝之兆也。其弑义帝，则疑增之本也。岂必待陈平哉？物必先腐也，而后虫生之；人必先疑也，而后谗入之。陈平虽智，安能间无疑之主哉？

吾尝论：义帝，天下之贤主也。独遣沛公入关，而不遣项羽，识卿子冠军于稠人之中，而擢以为上将，不贤而能如是乎？羽既矫杀卿子冠军，义帝必不能堪，非羽弑帝，则帝杀羽，不待智者而后知也。增始劝项梁立义帝，诸侯以此服从，中道而弑之，非增之意也。夫岂独非其意，将必力争而不听也。不用其言，而杀其所立，羽之疑增，必自此始矣。

方羽杀卿子冠军，增与羽比肩而事义帝，君臣之分未定也。为增计者，力能诛羽则诛之，不能则去之，岂不毅然大丈夫也哉？增年已七十，合则留，不合则去，不以此时明去就之分，而欲依羽以成功名，陋矣！虽然，增，高帝之所畏也；增不去，项羽不亡。呜呼，增亦人杰也哉！

注释与讲疏：

汉用陈平计[1]，间疏楚[2]君臣，项羽[3]疑范增与汉有私[4]，稍[5]夺其权。增大怒曰："天下事大[6]定矣，君王自为之，愿赐骸骨归卒伍[7]。"归未至彭城[8]，疽[9]发背死。

注释：

[1] 汉用陈平计：汉王刘邦采用陈平的计策。汉，指汉王刘邦。用，采用、采纳。

[2] 楚：这里指项羽的西楚。

[3] **项羽**：名籍，秦末楚国名将之后。秦二世元年（公元前 209 年），在陈胜影响下，跟从叔父项梁起义。项梁死后，项羽为统帅。秦朝灭亡后，项羽自称西楚霸王，封刘邦为汉王。随后与刘邦展开争夺天下的斗争，最后项羽失败，自刎而死。

[4] **有私**：私下串通。私，私下、偷偷地。

[5] **稍**：渐渐。

[6] **大**：副词，表示程度深或范围广。

[7] **愿赐骸（hái）骨归卒伍**：希望您恩准我告老还乡。赐骸骨，指退休回家。古代官员献身国家，所以年老辞官称"赐骸骨"或"乞骸骨"，请求君主赐还尸骨以回乡安葬。赐，赐予，上予下。归卒伍，回到家乡。卒伍，古代的基层服役户籍编制，五人为"伍"，百人为"卒"，此处"卒伍"代指家乡。

[8] **彭城**：当时为西楚霸王项羽的都城，在今江苏省徐州市。范增辞职的时候项羽的军队在今河南省荥阳市附近。

[9] **疽（jū）**：毒疮。

讲疏：

文章开头从范增离开项羽和范增之死这段历史事实入手，用"汉用陈平计，间疏楚君臣"一句话，简明扼要点出了楚霸王项羽和谋臣范增受到挑拨的情况，对于《史记》中描述的如何通过使者离间的详情则略去不写。这为后文的议论做好铺垫。

苏子曰："增之去 [1] 善 [2] 矣。不去，羽必杀增。独恨 [3] 其不早耳。"然则当以 [4] 何事去？增劝 [5] 羽杀沛公 [6]，羽不听，终以此失天下。当于是去耶？曰："否。增之欲杀沛公，人臣之分也，羽之不杀，犹有君人之度也。增曷为 [7] 以此去哉？《易》曰 [8]：'知几 [9] 其神 [10] 乎！'《诗》曰 [11]：'如彼雨雪，先集维霰 [12]。'增之去，当于羽杀卿子冠军 [13] 时也。"

注释:

[1] **去**：离开。

[2] **善**：表示赞同之词，此处可译为对、对的。

[3] **恨**：遗憾。

[4] **以**：表示引进行为的原因，此处可译为因为。下文"终以此失天下"和"增曷为以此去哉"中的"以"与此同。

[5] **劝**：进言鼓励，劝说。

[6] **沛公**：汉王刘邦，他响应陈胜起义于沛（今江苏省徐州市沛县东），被称为沛公。

[7] **曷为**：为何、为什么。

[8] **《易》曰**：引文见《周易·系辞下》。

[9] **几**：事物发展刚开始的状态。

[10] **神**：神奇、神妙。

[11] **《诗》曰**：引文见《诗经·小雅》。

[12] **霰（xiàn）**：小雪珠。

[13] **卿子冠军**：宋义，为义帝楚怀王所封，巨鹿之战前被项羽所杀。卿子，当时对人的尊称。冠军，指地位在其他将领之上的上将。

讲疏:

这一段提出了结论性的观点，范增不离开，"羽必杀增"。紧接着作者并没有对这个论点进行分析，而是提出了一个假设性问题，就是"当以何事去"，来探究范增离开项羽的时机。在鸿门宴上，项羽不听范增之言，让刘邦安然逃命，应当在这时候离开吗？接着又自我回答否定了这一假设。这一自问自答，引出以下的正义。在提出关键性的结论之前，作者又引用《诗经》和《易经》作为理论铺垫，然后提出了结论：范增离开项羽的最佳时机应该是"羽杀卿子冠军时"。

陈涉之得民也，以项燕、扶苏[1]**。项氏之兴也，以立楚怀王孙心**[2]**，**

而诸侯叛之也，以弑 [3] 义帝。且义帝之立，增为谋主矣，义帝之存亡，岂独为楚之盛衰，亦增之所与同祸福 [4] 也。未有义帝亡而增独能久存者也。羽之杀卿子冠军也，是弑义帝之兆也。其弑义帝，则疑增之本也。岂必待陈平哉？物必先腐也，而后虫生之；人必先疑也，而后谗 [5] 入之。陈平虽 [6] 智，安能间无疑之主哉？

注释：

[1] **陈涉之得民也，以项燕、扶苏**：陈胜之所以能受到民众的拥护，是因为他借用了项燕、扶苏的名义。陈涉，名胜，字涉，反秦的领袖。以，表示引进行为的原因，此处可译为因为。本段后面两个"以"与此同。项燕，战国末年楚国名将，项羽的祖父。扶苏，秦始皇长子，始皇死后，宦官赵高和丞相李斯合谋，诈称始皇之命，令扶苏自杀。

[2] **楚怀王孙心**：楚怀王的孙子熊心。

[3] **弑（shì）**：古时称臣杀君、子杀父母为"弑"。

[4] **同祸福**：同受祸福。

[5] **谗**：谗言，诬陷人的坏话。

[6] **虽**：尽管、即使。

讲疏：

这一段从历史事件发生的逻辑出发，以令人信服的分析说明楚之兴衰关乎义帝之存亡，因为项羽是以立义帝而服诸侯的；义帝之存亡也关乎范增之祸福，因为拥立义帝是范增的主谋。项羽杀掉宋义之后，势必谋害义帝，而范增必然力谏，项羽肯定不从。作者结合范增、义帝和卿子冠军的关系，说明项羽早已怀疑范增，论证了范增应当在杀卿子冠军时就离开项羽的主张，反驳了那种认为正是陈平的反间计才离间了项羽、范增之间关系的观点。

吾尝论：义帝 [1]，天下之贤主也。独遣沛公入关 [2]，而不遣项羽，识卿子冠军于稠人 [3] 之中，而擢 [4] 以为上将，不贤而能如是乎？羽既矫

杀 [5] 卿子冠军，义帝必不能堪 [6]，非羽弑帝，则帝杀羽，不待智者而后知也。增始劝项梁 [7] 立义帝，诸侯以此服从，中道而弑之，非增之意也。夫岂独非其意，将 [8] 必力争而不听也。不用其言，而杀其所立，羽之疑增，必自此始矣。

注释：

[1] 义帝：楚怀王的孙子熊心。

[2] 关：指关中之地，义帝命宋义、项羽救赵，而命刘邦攻打咸阳，并与诸将约定，先达关中灭秦者为王。

[3] 稠（chóu）人：众人。

[4] 擢（zhuó）：选拔、提拔。

[5] 矫杀：此处指项羽诈称义帝的命令杀卿子冠军宋义。矫，假托。

[6] 堪：承受得起、承载、忍受。

[7] 项梁：楚名将项燕之子，项羽叔父，始立楚义帝熊心者。

[8] 将：连词，且、又。

讲疏：

这一段作者先提出对义帝的评价，即义帝"天下之贤主也"；然后通过义帝、项羽之间的博弈以及义帝的命运，论述了范增、义帝和项羽之间的微妙关系，以此来证明项羽早就已经怀疑范增。义帝提拔宋义为卿子冠军，可见义帝多么重视宋义，但项羽矫杀了宋义，项羽和义帝已是势不两立，不是你死，就是我活，所以杀了宋义，就会进一步弑义帝。立义帝是范增的主意，弑义帝不是他的原意，他必然出言劝阻，但项羽不听其言而杀其所立，可见项羽怀疑范增。这与上文"弑义帝之兆"和"疑增之本"相呼应，也是进一步的解释说明。

方羽杀卿子冠军，增与羽比肩 [1] 而事 [2] 义帝，君臣之分 [3] 未定也。为增计者，力能诛羽则诛之，不能则去之，岂不毅然 [4] 大丈夫也哉？增年已七十，合则留，不合则去，不以此时明去就之分 [5]，而欲依羽以成功名，陋 [6] 矣！虽然 [7]，增，高帝之所畏也；增不去，项羽不亡。呜呼，增亦人杰 [8] 也哉！

注释：

[1] **比肩**：并肩，这里比喻地位相当。比，并列。

[2] **事**：侍奉。

[3] **分**（fèn）：名分、情分。

[4] **毅然**：坚决的、毫不犹豫的。毅，勇决果断。

[5] **分**（fēn）：区分、分寸。

[6] **陋**（lòu）：见识不广。

[7] **虽然**：即使如此。

[8] **杰**：人中的豪杰，才智超群的人。

讲疏：

最后一段又提出一条论据，就是在项羽杀宋义时，项羽和范增的君臣之分还没确定，范增尽可以大胆地离开项羽，或者杀掉他，不会受到别人的指责，这是名正言顺的。作者还替范增设想，"力能诛羽则诛之，不能则去之""合则留，不合则去"，仍然不失为大丈夫作为；批评范增不明去就之分，"而欲依羽以成功名，陋矣"。最后，又从侧面论述"增不去，项羽不亡""增亦人杰也哉"。作者对范增的谋略、才干表示了肯定，实际上批评了项羽的不知人、不善任。

参考译文：

汉王刘邦采用陈平的计策，离间疏远楚国君臣。结果项羽怀疑范增和汉王私下串通，逐渐剥夺他的权力。范增大怒，说："天下的局势已经大概确定了，君王自己处理吧，希望您恩准我告老还乡。"可是回乡途中还没到彭城，他就因背上长的毒疮发作而死。

苏子说："范增离开得对，若不离开，项羽一定会杀他，只遗憾他没有早些离开。"那么，范增应当因什么事情离开呢？范增劝项羽杀刘邦，项羽不听，因此失掉天下。应当在这个时候离去吗？回答说："不。范增劝说项羽杀掉刘邦，是做臣子的职责所在；项羽不杀刘邦，说明他还有君王的度量。范增怎么能够因为这件事而离开呢？《易经》上说：'能根据微小预兆知道事情的趋势，大概就是神明吧！'《诗经》说：'好像下雪时一样，水汽必定先聚集成小雪珠。'范增离开，应当在项羽杀宋义的时候。"

陈涉之所以能受到民众的拥护，是因为他借用了项燕、扶苏的名义。项氏的兴起，是因为拥立了楚怀王的孙子熊心，而诸侯反叛项羽，是因为他杀了义帝。况且拥立义帝，范增实为主谋。义帝是否被杀，何止关系着楚国的盛衰，也是范增和义帝同受祸福的关键。义帝被杀，范增就没有长久独存之理。项羽杀宋义，是杀害义帝的先兆。他杀义帝，就是怀疑范增的本源，难道还要等到陈平去离间吗？物体一定是先腐烂了，然后才能生出虫子；人一定是先有了疑心，然后谗言才能够乘虚而入。陈平尽管很有智慧，又怎么能离间对臣子没有疑心的君主呢？

我曾经评论义帝是天下的贤君。他只派刘邦入关而不派遣项羽，在众人之中发掘识别宋义，提拔他做上将军，不贤明能这样做吗？项羽既然假托义帝之命杀死宋义，义帝必然不能容忍。不是项羽谋杀义帝，就是义帝杀了项羽，这用不着聪明人指点就可以知道。范增当初劝项梁立义帝，诸侯因此而服从，中途谋杀义帝，必不是范增的想法。非但不是他的主意，而且他一定会极力争辩却不被接受，不采纳他的建议反而杀死他所拥立之人，项羽怀疑范增，一定是从这个时候开始的。

在项羽杀宋义时，项羽和范增地位相当，都是侍奉义帝之臣，他们之间的君臣名分还没有确定。替范增考虑，有能力杀掉项羽就杀了他，不能杀他就离开他，这难道不是很果断的大丈夫吗？范增年纪已经七十岁了，意见相合就留下来，不合就离开，不在这个时候弄清去留的分寸，却想依靠项羽而成就功名，不明智啊！即使如此，范增还是汉高祖刘邦所畏惧的人。范增不离去，项羽也不会被灭。唉，范增也是人中的豪杰呀！

文史共读：《史记·项羽本纪》节选

居鄛[1]人范增，年七十，素居家[2]，好奇计[3]，往说[4]项梁曰："陈胜败固当[5]。夫秦灭六国，楚最无罪。自怀王入秦不反[6]，楚人怜之至今[7]，故楚南公[8]曰'楚虽三户[9]，亡秦必楚'也。今陈胜首事，不立楚后而自立，其势不长。今君起江东，楚蜂午[10]之将皆争附君者，以君世世楚将，为能复立楚之后也。"于是项梁然其言[11]，乃求楚怀王孙心民间[12]，为人牧羊，立以为楚怀王，从民所望也[13]。……

注释：

[1] **居鄛**：秦县名，在今安徽省桐城市南。

[2] **素居家**：一直隐居在家没有做官。

[3] **好奇计**：喜欢奇谋异计。好，喜欢，这里是说范增只是喜欢奇计，并不是擅长。

[4] **说（shuì）**：游说、劝说。

[5] **败固当**：本来就应当失败。固，本来，在意料之中，本当如此。当，应当、应该。

[6] **怀王入秦不反**：楚怀王熊槐被秦昭王骗至武关会盟，结果被扣留，死在那里。反，通"返"。

[7] **楚人怜之至今**：楚国人至今还在同情他。楚怀王以死抗暴秦，激发了楚国人民的爱国热情，故长久地怀念他。怜，哀怜、同情。

[8] **楚南公**：战国时一位善预言的老人。《汉书·艺文志》著录有"南公十三篇"，属阴阳家。

[9] **虽三户**：即使只剩三户人家，这是虚指，表示人数少。只有两种

说法，一说指楚昭、屈、景三大姓；另一说"三户"指地名。

[10] **蜂午**：蜂起，如蜂群纵横交错，纷然并起，这里是形容很多。

[11] **然其言**：认为他的话有道理。

[12] **乃求楚怀王孙心民间**：于是到民间寻找楚怀王的孙子熊心。

[13] **立以为楚怀王，从民所望也**：立熊心为楚怀王，这是为了顺从民众的心愿。"怀王"本是熊心祖父的谥号，立熊心为怀王，于理不当，但这是符合"楚人怜之至今"的心情的。

……汉王之败彭城，诸侯皆复与楚 [1] 而背汉。汉军 [2] 荥阳，筑甬道属之河 [3]，以取敖仓 [4] 粟。汉之三年，项王数侵夺汉甬道，汉王食乏，恐，请和，割荥阳以西为汉。项王欲听之。历阳侯范增曰："汉易与 [5] 耳，今释弗取 [6]，后必悔之。"项王乃与范增急 [7] 围荥阳。汉王患 [8] 之，乃用陈平计间项王 [9]。项王使者来，为太牢具 [10]，举欲进之 [11]。见使者，详 [12] 惊愕 [13] 曰："吾以为亚父使者，乃反 [14] 项王使者。"更持去 [15]，以恶食食项王使者 [16]。使者归报项王 [17]，项王乃疑范增与汉有私，稍夺之权。范增大怒，曰："天下事大定矣，君王自为之。愿赐骸骨归卒伍。"项王许之。行未至彭城，疽发背而死。

注释：

[1] **与楚**：与楚国结盟，依附于楚国。与，亲附、结交。

[2] **军**：驻扎军队，此处用作动词。

[3] **筑甬道属之河**：修筑了一条甬道，与黄河相连。甬道，两旁有墙或其他障碍物的驰道或通道。属（zhǔ），连接、沟通。

[4] **敖仓**：秦置仓于敖山，故曰敖仓。敖山在今河南省荥阳市东北，山上临河有大仓。

[5] **易与**：容易对付。

[6] **今释弗取**：现在放掉他们，不予以消灭。指打败汉军，突入

关中。

[7] **急**：迅速。

[8] **患**：忧虑、担心。

[9] **间项王**：离间项王与范增等人的关系，使楚君臣互相猜忌。

[10] **太牢具**：猪、牛、羊齐备的盛宴，这里指丰盛的筵席，为古代宴饮的最高规格。

[11] **举欲进之**：端出了已经准备好的美食佳肴将要摆在席上。举，端出。欲进之，做出摆宴的样子。

[12] **详**：通"佯"，假装。

[13] **愕（è）**：惊讶。

[14] **乃反**：原来竟是。

[15] **更持去**：更换筵席，撤去原来端出的饭菜。

[16] **以恶食（shí）食（sì）项王使者**：拿不好的饭菜让项王的使者吃。第二个"食"用作动词，本义是喂，这里引申为招待。

[17] **使者归报项王**：使者回去把这情形报告给了项王。陈平曾为项王都尉，知其为人，故有此计，而项王及使者竟然中计，可见项王之憨愚、使者之无能。

参考译文：

居鄛人范增，七十岁了，一直隐居在家没有做官，喜好奇谋异计，他前来游说项梁说："陈胜本来就应当失败。秦灭六国，楚国是最无罪的。自从楚怀王被骗入秦没有返回，楚国人至今还在同情他，所以楚南公说'楚国即使只剩下三户人家，灭亡秦国的也一定是楚国'。如今陈胜起义，不立楚国的后代却自立为王，运势一定不会长久。现在您在江东起事，楚国有那么多将士如众蜂纷然并起，争着归附您，就是因为项氏世世代代做楚国大将，一定能重新立楚国后代为王。"项梁认为范增的话有道理，就到民间寻找楚怀王的孙子熊心，这时熊心正在给人家牧羊，项梁找到他以后，就袭用他祖父的谥号立他为楚怀王，这是为了顺应楚国民众的愿望。……

……汉王在彭城战败，诸侯又都与楚国结盟而背弃汉。汉军驻扎在荥阳，修筑了一条甬道，与黄河相连，以便运取敖仓的粮食。汉三年，项王屡次侵夺汉军的甬道，汉王粮食缺乏，恐慌起来，请求讲和，划分荥阳以西归汉。项王想要答应他。历阳侯范增说："汉军容易对付，现在放掉他们，不予以消灭，以后一定会懊悔。"项王就和范增迅速围攻荥阳。汉王深为忧虑，就采用陈平的计策离间项王和范增。项王的使者来了，汉王给他准备了猪、牛、羊齐全的丰盛筵席，打算端上去。端饭菜的人一看使者，假装惊愕地说："我以为是亚父的使者，原来竟是项王的使者。"把饭菜又端了下去，拿粗菜恶饭给项王的使者吃。使者回去把此情形报告给了项王，项王就怀疑范增私通汉军，渐渐剥夺他的权力。范增大怒，说："天下的局势已经大概确定了，君王自己处理吧，希望您恩准我告老还乡。"项王答应了他。范增走了，还没有到彭城，就因背上长的毒疮发作而死去了。

留侯论

宋·苏轼

题解：

　　苏轼的这篇议论文写的是张良，它是作者在嘉祐六年（1061年）正月应制科时所上"进论"之一，写作年代应当在此之前。张良，字子房，辅佐刘邦灭秦朝破项羽，建立汉朝。刘邦对张良尊敬有加，誉之为"汉初三杰"。张良是汉代开国元勋之一，被封于留（今江苏省徐州市沛县东南），故称留侯。《留侯论》并不全面评论张良的生平和功业，而只论述他之所以取得成功的主观方面的根本原因——"能忍"的过人之节。过去没有人提出这个观点，是作者的创见。《留侯论》虽然是作者青年时代应制科考试时的文章，却写得新意迭出、富于辩驳，有着论辩文必不可少的气势。

　　古之所谓豪杰之士者，必有过人之节，人情有所不能忍者。匹夫见辱，拔剑而起，挺身而斗，此不足为勇也。天下有大勇者，卒然临之而不惊，无故加之而不怒，此其所挟持者甚大，而其志甚远也。

　　夫子房受书于圯上之老人也，其事甚怪，然亦安知其非秦之世，有隐君子者，出而试之？观其所以微见其意者，皆圣贤相与警戒之义。而世不察，以为鬼物，亦已过矣。且其意不在书。当韩之亡，秦之方盛也，以刀锯鼎镬待天下之士，其平居无罪夷灭者，不可胜数，虽有贲、育，无所复施。夫持法太急者，其锋不可犯，而其势未可乘。子房不忍忿忿之心，以匹夫之力，而逞于一击之间。当此之时，子房之不死者，其间不能容发，盖亦已危矣。千金之子，不死于盗贼，何者？其身之可爱，而盗贼之不足以死也。子房以盖世之才，不为伊尹、太公之谋，而特出于荆轲、聂政之计，以侥幸于不死，此固圯上之老人所为深惜者也。是故倨傲鲜腆而深折之。彼其能有所忍也，然后可以就大事，故曰："孺子可教也。"

楚庄王伐郑，郑伯肉袒牵羊以逆。庄王曰："其君能下人，必能信用其民矣。"遂舍之。勾践之困于会稽，而归臣妾于吴者，三年而不倦。且夫有报人之志，而不能下人者，是匹夫之刚也。夫老人者，以为子房才有余，而忧其度量之不足，故深折其少年刚锐之气，使之忍小忿而就大谋。何则？非有生平之素，卒然相遇于草野之间，而命以仆妾之役，油然而不怪者，此固秦皇之所不能惊，而项籍之所不能怒也。

观夫高祖之所以胜，而项籍之所以败者，在能忍与不能忍之间而已矣。项籍唯不能忍，是以百战百胜而轻用其锋。高祖忍之，养其全锋而待其弊，此子房教之也。当淮阴破齐，而欲自王，高祖发怒，见于词色。由此观之，犹有刚强不忍之气，非子房其谁全之？太史公疑子房以为魁梧奇伟，而其状貌乃如妇人女子，不称其志气。呜呼！此其所以为子房欤！

注释与讲疏：

古之所谓豪杰之士[1]者，必有过人之节[2]，人情有所不能忍者。匹夫见辱[3]，拔剑而起，挺身而斗，此不足为勇也。天下有大勇者，卒[4]然临[5]之而不惊，无故加[6]之而不怒，此其所挟持者甚大[7]，而其志甚远也。

注释：

[1] **豪杰之士**：指豪迈勇敢、才能出众的人。

[2] **节**：节操、操守。

[3] **匹夫见辱**：一般人被侮辱。匹夫，普通人、常人。见，被。

[4] **卒**：通"猝"，突然、忽然。

[5] **临**：面对，这里指遭遇突发情况。

[6] **加**：施加、触犯。

[7] **所挟持者甚大**：胸怀广阔，志向高远。挟持，指抱负。

讲疏：

第一段是立论，提出"忍"这个关键字。"古之所谓豪杰之士者，必有过人之节"是泛泛之言，凡是忠勇、坚毅等超乎常人的节操，全都包括在内。接下来紧扣《留侯论》的主旨，加以申说，将"过人之节"具体到"忍"字。说"忍"，又是从"勇"字来说，提出匹夫之勇不能算勇，只有"人情有所不能忍者"，"卒然临之而不惊，无故加之而不怒"，也就是说，能忍才是大勇；而之所以能忍，又是因为抱负大、志向远。表面来看，勇和忍似乎是对立的，作者却指出了它们的统一性，充满辩证法，非常深刻。这是作者的基本论点，也是全篇的主旨。这一段实际是就张良而言的，以下全是对张良的具体论证。

夫子房[1] **受书**[2] **于圯**[3] **上之老人也，其事甚怪，然亦安知**[4] **其非秦之世，有隐君子**[5] **者，出而试之？观其所以微见其意**[6] **者，皆圣贤相与警戒之义。而世不察，以为鬼物**[7]**，亦已过矣。且其意不在书**[8]**。当韩之亡，秦之方盛也，以刀锯鼎镬**[9] **待天下之士，其平居无罪夷灭**[10] **者，不可胜数，虽有贲、育**[11]**，无所复施**[12]**。夫持法太急者，其锋不可犯，而其势未可乘**[13]**。子房不忍忿忿之心，以匹夫之力，而逞于一击之间**[14]**。当此之时，子房之不死者，其间不能容发**[15]**，盖亦已危矣。千金之子，不死于盗贼**[16]**，何者？其身之可爱，而盗贼之不足以死**[17]** 也。子房以盖世[18]之才，不为伊尹、太公之谋[19]，而特[20]出于荆轲、聂政之计[21]，以侥幸于不死，此固圯上之老人所为深惜者也。是故倨傲[22]鲜腆[23]而深折[24]之。彼其能有所忍也，然后可以就大事，故曰："孺子可教也[25]。"

注释：

[1] **子房**：张良的字。

[2] **受书**：接受兵书。书，指《太公兵法》。

[3] **圯（yí）**：桥。

[4] **安知**：怎么知道，哪里知道。

[5] **隐君子**：隐居的高士。

[6] **微见其意**：略微显露出他的用意。微，略微、隐约。见（xiàn），同"现"，显露、表现出。

[7] **以为鬼物**：因桥上老人的事迹较为离奇荒诞，故有人认为他是鬼神之类。

[8] **且其意不在书**：桥上老人的真正用意并不在于授给张良兵书，而在于使张良能有所忍，以成就大事。

[9] **刀锯鼎镬（huò）**：泛指各种刑罚。鼎，古代烹煮用的器物，一般多三足两耳。镬，古代的大锅，一说指无足鼎。鼎和镬也常用作刑具。

[10] **夷灭**：消灭、杀尽。

[11] **贲、育**：指孟贲、夏育，古代勇士。

[12] **无所复施**：无法施展本领。复施，作为。

[13] **其势未可乘**：指形势有利于秦，还没有可乘之机。

[14] **逞于一击之间**：张良曾派力士以铁锤狙击秦始皇于博浪沙，结果误中副车，行刺失败。逞，满足、快意。

[15] **其间不能容发**：当中容纳不了一根毛发，形容十分危险。

[16] **千金之子，不死于盗贼**：这句话的意思是，高贵的人，在不值

得去死的情况下，不会轻易去死。千金之子，富贵人家的子弟。不死于盗贼，不死在盗贼手里。

[17] **不足以死**：不值得因之而死。

[18] **盖世**：才能在当世之上，没有人比得过。

[19] **伊尹、太公之谋**：指安邦定国的谋略。伊尹，辅佐商汤灭夏桀建立商朝，商朝开国功臣。太公，姜太公，名尚，辅佐周武王灭商纣，周朝开国功臣。

[20] **特**：仅仅、只是。

[21] **荆轲、聂政之计**：指行刺的下策。荆轲、聂政，都是战国时期的刺客。荆轲曾为燕太子丹刺杀秦王（秦始皇），未成被杀。聂政曾为严仲子刺杀韩相侠累，事成后毁容自杀。他们的事迹详见《史记·刺客列传》。

[22] **倨傲**：高傲轻慢。

[23] **鲜腆（tiǎn）**：没有礼貌的样子。

[24] **折**：摧折、侮辱。

[25] **孺子可教也**：指张良是可以教诲的。

讲疏：

这一段列举了张良狙击秦王、进履受书的故事，再联系到下文张良劝说刘邦封韩信为齐王的事情。这三件事表面看来似无关连，作者却敏锐地看到了它们之间的联系，由此提出了他的独创见解，那就是"彼其能有所忍也，然后可以就大事"。作者认为，如果孤立地来看圯上老人赠书的事情，就容易把它当作神怪传闻。但如果把这件事同张良狙击秦王联系起来，把他为韩报仇不能忍小忿、逞匹夫之勇，与成大事所需要的大忍耐联系起来，指出这是秦时的隐士对张良忍耐心的考验观察，其用意并不在书的授受。如果老人的用意是在赠书，只需要把书授予张良就可以了；之所以"深折之"，正说明"意不在书"，而在于使张良能忍。所以老人故意用傲慢无礼的举动"无故加之"，极力摧折侮辱他，以磨炼他的性格，"深折其少年刚锐之气"，使其"能有所忍"。苏轼认为老人的行动暗示了圣贤间互相警示劝诫的道理。"孺子可教也"这句话也表明了圯上老人自己道出了有意试验的用心。下文张良劝说刘邦封韩信为齐王的事情正是明证。

楚庄王伐郑，郑伯肉袒牵羊以逆。庄王曰："其君能下人，必能信用其民矣。"遂舍之[1]。勾践之困于会稽，而归臣妾于吴[2]者，三年而不倦[3]。且夫有报人[4]之志，而不能下人者，是匹夫之刚也。夫老人者，以为子房才有余，而忧其度量之不足，故深折其少年刚锐之气，使之忍小忿而就大谋。何则？非有生平之素[5]，卒然相遇于草野之间，而命以仆妾之役[6]，油然[7]而不怪者，此固秦皇之所不能惊，而项籍之所不能怒也。

注释：

[1] **楚庄王伐郑，郑伯肉袒牵羊以逆。庄王曰："其君能下人，必能信用其民矣。"遂舍之**：楚庄王攻克郑国后，郑伯脱去上衣裸露身体、牵了羊来迎接，表示屈服。楚庄王认为他能取信于民，便释放了他，退兵并与郑国议和。详见《左传·宣公十二年》。郑伯，即郑襄公。肉袒（tǎn），裸露上身，表示请罪。袒，脱去上衣，露出身体的一部分。

[2] **而归臣妾于吴**：指率臣下妻子到吴国去做吴王的奴仆。

[3] **倦**：懈怠、疲倦。

[4] **报人**：向人报仇。报，报仇。

[5] **非有生平之素**：指素昧平生，向来不熟悉。素，平素、一向，这里是长期了解的意思。

[6] **仆妾之役**：奴仆的低贱之事，这里指圯上老人让张良为他捡鞋穿鞋之事。

[7] **油然**：自然而然、顺从、和顺的样子。

讲疏：

第三段又引史为证，增强了说服力，再次申说上段之意。文中先引郑伯能忍而不战退敌，勾践能忍而终灭吴国，以见忍的极端重要性，说明圯上老人为什么要"出而试之"。又概述老人"深折"张良的情景，证明他的举动确实是对张良的考验。前者从动机讲，后者从事实讲，行动的目的则是"使之忍小忿而就大谋"，后来的结果则是使张良达到了"秦皇之所不能惊，而项籍之所不能怒"的境界。

观 [1] 夫高祖之所以胜，而项籍之所以败者，在能忍与不能忍之间而已矣。项籍唯不能忍，是以百战百胜而轻用其锋 [2]。高祖忍之，养其全锋而待其弊 [3]，此子房教之也。当淮阴破齐，而欲自王，高祖发怒，见于词色 [4]。由此观之，犹有刚强不忍之气，非子房其谁全之 [5]？太史公疑子房以为魁梧 [6] 奇伟，而其状貌乃如妇人女子，不称 [7] 其志气。呜呼！此其所以为子房欤 [8]！

注释：

[1] 观：观察。

[2] **轻用其锋**：轻率地消耗自己的兵力。锋，锐势、锐气、势头。

[3] **弊**：衰败、疲困。

[4] **当淮阴破齐，而欲自王，高祖发怒，见（xiàn）于词色**：当淮阴侯韩信攻破齐国想自立为王时，高祖为此发怒了，怒气显露在言辞和脸色上。见，同"现"，显露、出现。

[5] **非子房其谁全之**：不是张良，谁又能来保全他呢？

[6] **魁（kuí）梧（wú）**：形容体貌高大雄伟。

[7] **不称（chèn）**：不相称、不符合。

[8] **此其所以为子房欤（yú）**：这大概就是张良之所以能成为张良而谋就大事的原因吧。

讲疏：

最后一段又举张良后来在刘邦项羽斗争中的例子来证实这个观点。这个例证的奥妙之处在于，作者不是孤立地讲张良，而是联系刘、项两家的斗争来说明。文中把刘邦之所以胜和项羽之所以败归结为能忍和不能忍，而以韩信求假封为齐王的事例，把刘邦之能忍归结为由张良成全，不仅说明了能忍对于张良、对于刘项争霸事业的重大意义，还说明了圯上老人的启发所起的巨大作用，大大增强了议论的说服力。之后，作者还联系了司马迁对张良外貌的描述，猜测其外貌也能表现出"能忍"的特征，让人读后感到耳目一新，余味不尽。

参考译文：

古代所说的豪迈勇敢、才能出众的人，一定具有过人的气节，有着一般人的常情所无法忍受的度量。一般人受到侮辱，会拔剑而起，挺身上前和人决斗，这不足以被称为勇敢。天下有大勇之人，遇到突发的情况毫不惊慌，无故遭到触犯而不愤怒，这是因为他们胸怀广阔，志向高远。

张良从桥上老人那里接受兵书，这件事确实很奇怪。但是，又怎么知道那不是秦代一位隐居的君子出来考验张良呢？看那老人略微显露出自己用意的方式，都具有圣贤相互提醒告诫的意义。一般人不明白，把那老人当作鬼怪神仙，也太不对了。再说，桥上老人的真正用意并不在于授给张良兵书，而在于使张良能有所忍，以成就大事。在韩国已灭亡时，秦国正强盛，秦王嬴政用刀锯鼎镬的酷刑来对付天下的志士，那些平时没有罪过却遭受杀戮灭族的，数也数不清，即使有孟贲、夏育那样的勇士，也没有施展本领的机会了。执法太严酷的政权，它的锋芒不可以冒犯，形势方面也没有可乘之机。张良压不住他对秦王愤怒的情感，以他个人的力量，在一次狙击中求得一时的痛快，在那时虽然他没有被捕被杀，但那情形和死亡之间容纳不了一根毛发，也太危险了。高贵的人，是不肯死在盗贼手里的，为什么呢？因为他们的生命宝贵，因盗贼而死太不值得。张良有超过世上之人的才能，不去做伊尹、姜尚那样深谋远虑之事，反而仅仅学荆轲、聂政行刺的下策，侥幸没有死掉，这必定是桥上老人为他深深感到惋惜的地方。所以那老人故意态度傲慢无礼、言语粗恶来深深地羞辱他，他如果能忍受得住，方才可以凭借这点而成就大功业，所以到最后，老人说："这个年轻人是可以教育的。"

楚庄王攻克郑国后，郑襄公脱去上衣裸露身体、牵了羊来迎接。楚庄王说："国君能够这样对人谦让、委屈自己，一定能得到自己老百姓的信任和效力。"他就此放弃了对郑国的进攻。越王勾践被围困在会稽后归降，率臣下妻子到吴国去做吴王的奴仆，三年来一直都不懈怠。有向人报仇的志向，却不能屈居人下的，这是普通人的刚强。那老人认为张良才智有余，而担心他的度量不够，因此深深挫折他那年轻人刚强锐利的脾气，使他能忍得住小怨小愤，去成就远大的谋略。为什么这样说呢？老人和张良素昧平生，突然在郊野之间相遇，却拿奴仆的低贱之事来让张良做，张良做得很自然而不觉得怪异，这正是秦始皇所不能使他惊惧和项羽所不能激怒他的原因。

观察刘邦之所以能取胜而项羽之所以会失败，原因就在于一个能忍耐、一个不能忍耐罢了。项羽不能忍耐，所以百战百胜而轻易消耗了他的锋芒，不懂得珍惜和保存自己的实力。刘邦能忍耐，保持自己完整的锋锐的战斗力，等到对方衰亡，这是张良教给他的。当淮阴侯韩信攻破齐国想自立为王时，高祖为此发怒了，怒气显露在言辞和脸色上，从此可看出，刘邦还是有刚强不能忍耐的气性，若不是张良，谁又能来保全他呢？司马迁本来猜想张良的体貌一定是高大雄伟的，但实际上他的长相竟然像妇人女子，与他的志向气概不相称。啊！这大概就是张良之所以能成为张良而谋就大事的原因吧！

文史共读：《史记·留侯世家》节选

留侯[1]张良者，其先韩人也。大父[2]开地，相韩昭侯、宣惠王、襄哀王。父平，相釐王、悼惠王。悼惠王二十三年，平卒。卒二十岁，秦灭韩。良年少，未宦事韩[3]。韩破，良家僮三百人，弟死不葬[4]，悉以家财求客刺秦王，为韩报仇，以大父、父五世相韩故。

良尝学礼淮阳。东见仓海君[5]。得力士，为铁椎重百二十斤。秦皇帝东游，良与客狙击[6]秦始皇博浪沙[7]中，误中副车[8]。秦皇帝大怒，大索天下，求贼甚急，为张良故也。良乃更名姓，亡匿[9]下邳。

良尝闲[10]从容步游下邳圯[11]上，有一老父，衣褐[12]，至良所，直堕[13]其履圯下，顾[14]谓良曰："孺子[15]，下取履！"良鄂[16]然，欲殴[17]之。为其老，强忍[18]，下取履。父曰："履我[19]！"良业为取履，因长跪[20]履之。父以足受，笑而去。良殊[21]大惊，随目之。父去里所[22]，复还，曰："孺子可教矣。后五日平明[23]，与我会此。"良因怪[24]之，跪曰："诺。"五日平明，良往，父已先在，怒曰："与老人期，后[25]，何也？"去，曰："后五日早会。"五日鸡鸣[26]，良往，父又先在，复怒曰："后，何也？"去，曰："后五日复早来。"五日，良夜未半往。有顷，父亦来，喜曰："当如是。"出一编[27]书，曰："读此则为王者师矣。后十年兴[28]，十三年孺子见我济北[29]，谷城山[30]下黄石即我矣。"遂去，无他言，不复见[31]。旦日视其书，乃《太公兵法》[32]也。良因异之，常习诵读之。……

……良数以《太公兵法》说沛公，沛公善之[33]，常用其策。良为他人言，皆不省[34]。良曰："沛公殆[35]天授[36]。"故遂从之，不去见景驹[37]。……

太史公曰："学者多言无鬼神，然言有物[38]。至如留侯所见老父予书，亦可怪矣。高祖离困者数矣[39]，而留侯常有功力焉，岂可谓非天乎？上曰：'夫运筹策帷帐之中，决胜千里外，吾不如子房。'余以为其人计[40]魁梧奇伟，至见其图[41]，状貌如妇人好[42]女。盖孔子曰：'以貌取人[43]，失[44]之子羽。'留侯亦云[45]。"

注释：

[1] **留侯**：张良的封号。

[2] **大父**：祖父。

[3] **未宦事韩**：还没有在韩国做官。

[4] **弟死不葬**：弟死了不厚葬。指不以礼相葬，为节省钱财，不是不埋葬的意思。

[5] **仓海君**：秦朝时东夷濊人（秽人）的一位君主之号。

[6] **狙击**：半路伏击。

[7] **博浪沙**：地名，在今河南省新乡市原阳县。

[8] **副车**：属车，天子的侍从车辆。

[9] **亡匿**：逃避、躲藏。

[10] **闲**：闲暇、悠闲。

[11] **圯**（yí）：桥。

[12] **衣褐**（hè）：穿着粗布衣服。

[13] **堕**（duò）：掉下、坠落。

[14] **顾**：回头看。

[15] **孺**（rú）**子**：小伙子。

[16] **鄂**（è）：通"愕"，吃惊。

[17] **殴**（ōu）：捶打、击打。

[18] **忍**：容忍、忍耐。

[19] **履我**：给我穿上鞋。履，用作动词，给……穿鞋。下文"因长跪履之"同。

[20] **长跪**：古代的一种礼节，指直身而跪，其礼节较轻。

153

[21] **殊**：副词，极。

[22] **里所**：约一里地。所，大约。

[23] **平明**：犹"黎明"，天刚亮的时候。

[24] **怪**：惊异，觉得奇怪。

[25] **后**：迟到，走在后面。

[26] **鸡鸣**：常指天明之前。鸡鸣，又名荒鸡，十二时辰的第二个时辰，以地支来称其名则为丑时，相当于今天的凌晨1—3时。下文的"夜未半"，即还没到夜半。夜半是十二时辰的第一个时辰，以地支来称其名则为子时，相当于今天的23时—凌晨1时。

[27] **编**：此处是量词，指一部书或一部书按内容划分的部分。

[28] **兴**：兴旺，发迹。

[29] **济北**：济水之北。

[30] **谷城山**：又名黄山，在今山东省济南市平阴县西南。

[31] **见**：通"现"，出现。

[32] **《太公兵法》**：相传为姜太公作的一部兵书。

[33] **良数以《太公兵法》说沛公，沛公善之**：张良多次根据《太公兵法》向沛公献策，沛公很赏识他。沛公，汉高祖刘邦起兵于沛（今江苏省徐州市沛县），称沛公。善，认为好，喜爱。

[34] **省（xǐng）**：领悟、领会。

[35] **殆**：几乎、近乎。

[36] **天授**：天赐，上天赐给人间的。

[37] **景驹**：楚国贵族，秦末陈胜起事后曾被拥立为楚王。公元前208年4月，原楚国贵族项梁借口景驹、秦嘉背叛陈王，派英布打败秦嘉，并将秦嘉杀死，景驹出逃到梁地后被杀。

[38] **学者多言无鬼神，然言有物**：学者大多说没有鬼神，然而又说有灵异的东西。物，精灵，具有神怪性质的东西，即灵异的东西。

[39] **高祖离困者数矣**：高祖遭遇困厄的情况有好多次。离困，陷入

困境。离，通"罹（lí）"，遭、陷、遭遇。

[40] **计**：估计。

[41] **图**：图像、画像。

[42] **好**：容貌美。

[43] **以貌取人**：将外貌作为品评人才的标准。据《史记·仲尼弟子列传》载，春秋时期鲁国人澹台灭明，字子羽，"状貌甚恶。欲事孔子，孔子以为材薄"，不愿收他为弟子，"既已受业"，发现他表现还挺不错，于是说了这话。

[44] **失**：错。

[45] **留侯亦云**：对于张良，我也犯了同样的错误。

参考译文：

留侯张良，他的先人是韩国人。祖父开地，做过韩昭侯、宣惠王、襄哀王的相。父亲平，做过釐王、悼惠王的相。悼惠王二十三年（公元前250年），父亲平去世。张良的父亲死后二十年，秦国灭亡了韩国。张良当时年纪轻，没有在韩国做官。韩国灭亡后，张良家有奴仆三百人，弟弟死了不厚葬，用全部财产寻求勇士谋刺秦王，为韩国报仇，这是因为他的祖父、父亲任过五代韩王之相。

张良曾经在淮阳学习礼法，到东方见到了仓海君。他找到一个大力士，造了一个一百二十斤重的铁锤。秦始皇到东方巡游，张良与大力士在博浪沙这个地方袭击秦始皇，误中了副车。秦始皇大怒，在全国大肆搜捕，寻拿刺客非常急迫，这是为了张良的缘故。张良于是改名换姓，逃到下邳躲藏起来。

张良闲暇时徜徉于下邳桥上，有一个老人，穿着粗布衣裳，走到张良跟前，故意把他的鞋甩到桥下，回头看着张良说："小伙子，下去把鞋捡上来！"张良有些惊讶，想打他，因为见他年老，勉强忍了下来，下去捡来了鞋。老人说："给我把鞋穿上！"张良想着既然已经替他把鞋捡了上来，就跪着替他穿上。老人把脚伸出来穿上鞋，笑着离去了。张良十分惊讶，随着老人的身影注视着他。老人离开了约有一里地，又返回来，说："你这个孩子可以教导教导。五天以后天刚亮时，跟我在这里相会。"张良觉得这件事很奇怪，跪下来说："嗯。"五天后的拂晓，张良到那里，老人已先到了那里，生气地说："跟老年人约会，反而后到，为什么呢？"老人离去，并说："五天以后早早来会面。"五天后鸡一叫，张良就去了。老人又先到了那里，又生气地说："又来晚了，这是为什么？"老人离去，并说："五天后再早点儿来。"五天后，张良不到半夜就去了。过了一会儿，老人也来了，高兴地说："应当像这样。"老人拿出一部书，说："读了这部书就可以做帝王的老师了。十年以后就会发迹。十三年后小伙子你到济北见我，谷城山下的黄石就是我。"说完便走了，没有别的话，从此再也没有出现过。天明时张良一看老人送的书，原来是《太公兵法》。张良因而觉得这部书非同寻常，经常学习、诵读它。……

……张良多次根据《太公兵法》向沛公献策，沛公很赏识他，经常采用他的计谋。张良对别人讲这些，别人都不能领悟。张良说："沛公大概是上天赐给人间的。"所以张良就跟随了沛公，没有离开他去见景驹。……

太史公说："学者大多说没有鬼神，然而又说有灵异的东西。至于像留侯遇见老人赠书的事，也够神奇的了。高祖遭遇困厄的情况有好多次，而留侯常在这种危急时刻建功效力，难道可以说不是天意吗？高祖说：'出谋划策于营帐之中，决定胜负在千里之外，我比不了子房。'我原以为此人大概是高大威武的样子，等到看见他的画像，相貌却像个美丽的女子。孔子说过：'按照相貌来评判人，在对待子羽上就有过错。'对于留侯，也可以说我犯了同样的错误。"

晁错论

宋·苏轼

题解：

西汉景帝四年（公元前 153 年），因晁错力主削弱诸侯势力，吴、楚等七国以"请诛晁错，以清君侧"为名，发动叛乱，晁错因此被杀。对于晁错之死，天下人都为晁错因尽忠被杀而痛心，苏轼在《晁错论》中也提出了自己的看法。《晁错论》先从道理上立论，对晁错虽"尽忠为汉"却招来杀身之祸一事，逐一加以分析，指出晁错悲剧的原因。苏轼认为，晁错如果能在吴楚七国之乱中挺身而出，担当起最危险的任务，甚至自己带兵出击吴楚，也未必不能成功，这样即使有一百个袁盎，也不能挑拨离间了。苏轼还引用上古大禹治水的事迹，作为晁错行为的参照，用禹的成功，反衬晁错的失败，说他未能做到"前知其当然，事至不惧，而徐为之图"。苏轼的这篇文章责备晁错不能亲自领兵讨伐吴、楚叛军，是能兴发而不能收束，所以招来谗言而加速了祸患。

天下之患，最不可为者，名为治平无事，而其实有不测之忧。坐观其变，而不为之所，则恐至于不可救。起而强为之，则天下狃于治平之安而不吾信。惟仁人君子豪杰之士，为能出身为天下犯大难，以求成大功。此固非勉强期月之间，而苟以求名之所能也。天下治平，无故而发大难之端，吾发之，吾能收之，然后有辞于天下。事至而循循焉欲去之，使他人任其责，则天下之祸，必集于我。

昔者晁错尽忠为汉，谋弱山东之诸侯，山东诸侯并起，以诛错为名。而天子不察，以错为说。天下悲错之以忠而受祸，而不知错有以取之也。

古之立大事者，不惟有超世之才，亦必有坚忍不拔之志。昔禹之治水，凿龙门，决大河而放之海。方其功之未成也，盖亦有溃冒冲突可畏之患，惟能前知其当然，事至不惧，而徐为之图，是以得至于成功。

夫以七国之强而骤削之，其为变岂足怪哉？错不于此时捐其身，为天下当大难之冲，而制吴楚之命，乃为自全之计，欲使天子自将，而己居守。且夫发七国之难者，谁乎？己欲求其名，安所逃其患？以自将之至危，与居守之至安，己为难首，择其至安，而遗天子以其至危，此忠臣义士所以愤惋而不平者也。当此之时，虽无袁盎，错亦未免于祸。何者？己欲居守，而使人主自将，以情而言，天子固已难之矣，而重违其议，是以袁盎之说得行于其间。使吴楚反，错以身任其危，日夜淬砺，东向而待之，使不至于累其君，则天子将恃之以为无恐，虽有百袁盎，可得而间哉？

嗟夫！世之君子，欲求非常之功，则无务为自全之计。使错自将而讨吴楚，未必无功。惟其欲自固其身，而天子不悦，奸臣得以乘其隙。错之所以自全者，乃其所以自祸欤！

注释与讲疏：

天下之患，最不可为者，名为治平无事，而其[1]实有不测之忧。坐观其变，而不为之所[2]，则恐至于不可救。起而强为之，则天下狃[3]于治平之安而不吾信[4]。惟仁人君子豪杰之士，为能出身[5]为天下犯[6]大难，以[7]求成大功。此固[8]非勉强期月[9]之间，而苟以求名之所能也。天下治平，无故而发大难之端，吾发之，吾能收之，然后有辞于天下。

事至而循循焉 [10] 欲去 [11] 之，使他人任其责，则天下之祸，必集于我。

注释：

[1] **其**：代词，指祸患。

[2] **而不为之所**：而不去想办法处置。所，处所，这里指解决问题的措施。

[3] **狃（niǔ）**：习惯，习以为常而掉以轻心。

[4] **不吾信**：不相信我。倒装句式。

[5] **出身**：挺身而出。

[6] **犯**：冒着、遭遇、遭受。

[7] **以**：而，表顺接。

[8] **固**：原本。

[9] **期（jī）月**：一个月、一整月，这里泛指短时期。

[10] **循循焉**：退缩不前的样子。

[11] **去**：逃避。

讲疏：

第一段，作者首先讲到在太平之时，能看到"不测之忧"而先发难，是很不容易的，只有"仁人君子豪杰之士"才能做到，这里说的就是晁错发难、建言削藩一事。这里先承认了晁错的贡献。作者其次指出"无故而发大难之端"，必须"吾发之，吾能收之"。这是说光有发难的胆识还不够，还要能收拾残局、善始善终。这里就开始批评晁错的做法了。最后作者又说发难之后，如果不仅不去收拾残局，还要逃避责任，那么，"天下之祸"必集于他了，这里就直接指出问题所在。这一段虽然没有点名晁错，实际上包含了作者对晁错的全部评价，这也就是全文的主要论据。

昔者晁错 [1] 尽忠为汉，谋弱山东之诸侯 [2]，山东诸侯并起 [3]，以诛错为名 [4]。而天子不察，以错为说。天下悲错之以 [5] 忠而受祸，而不知

错有以取 [6] 之也。

注释：

[1] **晁错**：约公元前 200—公元前 154 年，颍川（今河南省禹州市）人。景帝时任内史，迁御史大夫。因为主张削藩导致吴楚七国发动兵变，晁错劝景帝亲征，自己防守京师。袁盎借机上疏请求诛杀晁错以平息诸侯之愤，晁错最终被汉景帝所杀。

[2] **山东之诸侯**：山东诸侯以七王为代表，即吴王刘濞、胶西王刘卬、胶东王刘雄渠、淄川王刘贤、济南王刘辟光、楚王刘戊、赵王刘遂。山东，指崤山以东。

[3] **并起**：一同起兵叛乱。

[4] **以诛错为名**：以诛杀晁错为名义。以……为，固定句式，把……作为。

[5] **以**：因为。

[6] **取**：招致。

讲疏：

第二段从抽象理论的探讨过渡到具体史实的论述，交代了晁错被诛的经过，提出晁错自取其祸的观点。这是上一段理论的具体化，也是本文立意的中心论点。

古之 [1] 立大事者，不惟有超世之才，亦必有坚忍不拔之志。昔禹之治水，凿龙门 [2]，决大河 [3] 而放之海。方 [4] 其功之未成也，盖亦有溃冒冲突可畏之患，惟能前知其当然，事至不惧，而徐 [5] 为之图，是以 [6] 得至于成功。

注释：

[1] **之**：用在主、谓语之间，取消句子的独立性，无实义。

[2] **龙门**：今龙门石窟所在地，距河南省洛阳市约 12 千米。

[3] **大河**：指黄河。

[4] **方**：当。

[5] **徐**：从容的样子。

[6] **是以**：所以、因此。

讲疏：

第三段先提出"古之立大事者，不惟有超世之才，亦必有坚忍不拔之志"的观点，这也是本文的"文眼"。然后以大禹治水为例，说明发起大事的人，不仅要有"坚忍不拔之志"；还要在事情发生以前，对可能发生的困难与风险有思想上的准备；事情发生了不害怕，要从容镇定地去处理，这样才能使大事成功。以此暗中指责晁错的临危而逃。

夫以七国 [1] 之强而骤 [2] 削之，其为变岂足 [3] 怪哉？错不于此时捐 [4] 其身，为天下当大难之冲 [5]，而制吴楚之命，乃 [6] 为自全之计，欲使天子自将，而己居守。且夫发七国之难者，谁乎？己欲求其名，安所逃其患？以自将之至危，与居守之至安，己为难首，择其至安，而遗天子以其至危，此忠臣义士所以愤惋 [7] 而不平者也。当此之时，虽无袁盎 [8]，错亦未免于祸。何者 [9]？己欲居守，而使人主自将，以情而言 [10]，天子固已难之矣，而重 [11] 违其议，是以袁盎之说得行于其间。使 [12] 吴楚反，错以身任其危，日夜淬砺 [13]，东向而待之，使不至于累其君，则天子将恃 [14] 之以为无恐，虽有百袁盎，可得而间 [15] 哉？

注释：

[1] **七国**：指汉景帝时叛乱的吴楚七国。参见本文第二段"山东之诸侯"的注释。

[2] **骤**：疾、急，突然。

[3] **足**：可以、值得。

[4] **捐**：舍弃。

[5] **冲**：重要的位置。本义是交通要道。

[6] **乃**：竟然。

[7] **愤惋**（wǎn）：愤恨。惋，怨恨、叹息。

[8] **虽无袁盎**：即使没有袁盎。

[9] **何者**：为什么呢？

[10] **以情而言**：按照情理来说。以，按照。

[11] **重**：难。

[12] **使**：假若。

[13] **淬**（cuì）**砺**：本义是激励、鞭策，这里指发愤图强、积极备战。

[14] **恃**：依靠。

[15] **间**：离间、挑拨。

讲疏：

第四段具体分析了晁错在七国之乱时的表现。首先苏轼认为晁错应负责到底，应将危险留给自己，不应将危险推给天子。其次苏轼认为晁错"己欲居守，而使人主自将"是取祸之道。晁错的选择导致景帝对他不再信任，使袁盎的谗言得以发挥作用。最后，作者又设想了晁错当时的最佳选择，那就是"身任其危，日夜淬砺，东向而待之"，这是假设晁错不临危而逃；"使不至于累其君，则天子将恃之以为无恐"，这是假设晁错不使皇帝亲征。如果这样做了，那么即使有一百个袁盎也不能使晁错获祸。这一段是全文的核心，集中论证了晁错咎由自取的中心论点，再次证明晁错的失策。

嗟夫 [1]！世之君子，欲求非常 [2] 之功，则无务为自全之计 [3]。使错自将而讨吴楚，未必无功。惟其欲自固其身，而天子不悦，奸臣得以乘其隙 [4]。错之所以自全者，乃其所以自祸欤 [5]！

注释：

[1] **嗟夫**：感叹词，唉。

[2] **非常**：不同寻常。

[3] **则无务为自全之计**：就不要致力寻求保全自己的计策。务，致力、努力从事。

[4] **隙**：空隙、空子。

[5] **乃其所以自祸欤（yú）**：正是他自己招致杀身之祸的原因啊！欤，语气助词，表感叹。

讲疏：

第五段又对晁错进行了全面评价，肯定了晁错建言削藩是"非常之功"，批评他"为自全之计""欲自固其身"，对他为奸臣谗言所害表示惋惜。这里的关键字是"自"，晁错是想要"自全""自固"，却不想"自将"，最后反而导致了"自祸"。作者在感叹历史之时，再一次指出临危而逃、自固其身是晁错取祸的原因，增强了文章中心论点的说服力。

参考译文：

天下的祸患，最不好处理的是表面上社会安定、太平无事，但实际上存在着难以预测的隐忧。如果消极地看着祸乱形势的变化，而不去想办法对付，那么恐怕祸乱就会发展到无可挽回的地步。如果起来坚决地制止它，天下人又会因为对太平生活的习以为常反而不相信我。只有那些仁人君子、豪杰人物，才能够挺身而出，为国家安定而冒天下之大不韪，而求得成就伟大的功业。这本来就不是能够在短时间内一蹴而就的，更不是企图追求名利的人所能做到的。国家安定平静，无缘无故地触发巨大祸患的开端，我触发了它，我又能制止它，然后才能有力地说服天下人。如果祸乱发生却想躲躲闪闪地避开它，让别人去承担平定它的责任，那么天下人的责难，必定要集中到我的身上。

以前晁错为大汉尽忠，谋划削弱山东各诸侯国的实力，山东诸侯就以诛杀晁错为名义共同起兵。可是汉景帝却没有洞察到他们的用心，就把晁错杀了来说服他们退兵。天下人都为晁错因尽忠遭杀身之祸而痛心，却不明白其中部分原因是晁错自己造成的。

163

　　自古以来凡是做大事业的人，不只有超越世俗的才能，也必定有坚忍不拔的意志。从前大禹治水，凿开龙门，疏通黄河，引导洪水入海。当他功业未成之时，也可能有决堤、漫堤、洪水四处泛滥等可怕的忧患发生，只有做到事先知道事情发展的必然趋势，事情发生了不害怕，从容不迫地找到解决办法，这样才能达到成功。

　　以七国当时的强盛，却突然想削弱它们，它们起来叛乱难道值得奇怪吗？晁错不在这个时候豁出自己的性命，为天下担当起大难的责任从而控制吴、楚等国的命运，却居然为了保全自己的性命，想让皇帝御驾亲征平定叛乱，而自己留守京城。再说那激起七国之乱的人是谁呢？自己想求得那个美名，又怎么能躲避这场祸患呢？比较一下亲自带兵平定叛乱的巨大危险和留守京城的极大安全，自己是个引发祸乱的主谋，选择最安全的事情去做，却把最危险的事情留给皇帝去做，这就是忠臣义士愤怒不平的原因啊！在这个时候，即使没有袁盎，晁错也不可能免于杀身之祸。为什么呢？自己想要留守京城，却叫皇帝御驾亲征，按照情理来说，皇帝本来已经觉得这是勉为其难的事情，但又难以反对他的建议，所以袁盎的说辞得以在君臣之间发挥作用。假如在吴、楚等七国叛乱时，晁错亲身承担危难的责任，日夜刻苦准备、积极备战，向东边严阵以待，让灾祸不至于连累君主，那么天子就会充分依靠他而不觉得七国叛乱有什么可怕。这样，即使有一百个袁盎，又怎么能有机会离间他们君臣呢？

　　唉！世上的君子如果想要建立不同寻常的功业，就不要致力寻求保全自己的计策。假如晁错自己亲自带兵去讨伐吴、楚等七国叛军，不一定就不会成功。只因他一心想保全自身，而惹得皇帝不高兴，奸臣正好趁机钻了空子。晁错企图保全自己的性命，正是他自己招致杀身之祸的原因啊！

文史共读：《史记·袁盎晁错列传》节选

晁错者，颍川 [1] 人也。学申商刑名于轵张恢先所 [2]，与雒阳宋孟及刘礼同师。以文学为太常掌故 [3]。

注释：

[1] **颍川**：郡名。秦灭韩国时设置，在今河南中部一带。

[2] **学申商刑名于轵张恢先所**：在轵县张恢先生那里学习过申不害和商鞅的刑名学说。轵，今河南省济源市东南。

[3] **太常掌故**：在汉代，"掌故"就是太常所属太史令的官，其职责是管理和收集国家的历史记载和文化故事，如历史事件、传记、逸事等。

错为人峭直刻深 [1]。孝文帝时，天下无治《尚书》者，独闻济南伏生 [2] 故秦博士 [3]，治《尚书》，年九十余，老不可征 [4]，乃诏太常使人往受之。太常遣错受《尚书》伏生所。还，因上便宜事，以《书》称说 [5]。诏以为太子舍人、门大夫、家令 [6]。以其辩得幸太子，太子家号曰"智囊"。数上书孝文时，言削 [7] 诸侯事，及法令可更定者。书数十上，孝文不听，然奇其材，迁为中大夫 [8]。当是时，太子善错计策，袁盎诸大功臣多不好错 [9]。

注释：

[1] **峭（qiào）直刻深**：严峻刚直，严厉苛刻。

[2] **伏生**：名伏胜，济南人，秦末治《尚书》的大儒。

[3] **故秦博士**：是原来秦朝的博士。博士，秦汉时掌管图书的官名。

[4] **老不可征**：因太老而无法征召来朝廷。征，征召、征聘，多指君召臣。

[5] **以《书》称说**：称引解说《尚书》。称说，讲述学习的情况。

[6] **太子舍人、门大夫、家令**：都是太子属官，此时的太子是后来的汉景帝刘启。

[7] **削**：分割、削减。

[8] **中大夫**：郎中令属官，掌议论。

[9] **袁盎诸大功臣多不好错**：袁盎和诸位大功臣大多不喜欢晁错。这里埋下了袁盎谏杀晁错的伏笔。

景帝即位，以错为内史[1]。错常数请间[2]言事，辄听，宠幸倾[3]九卿，法令多所更定。丞相申屠嘉[4]心弗便，力未有以伤。内史府居太上庙壖中[5]，门东出，不便，错乃穿两门南出，凿庙壖垣[6]。丞相嘉闻，大怒，欲因此过为奏请诛错。错闻之，即夜请间，具为上言之。丞相奏事，因言错擅凿庙垣为门，请下廷尉[7]诛。上曰："此非庙垣，乃壖中垣，不致于法。"丞相谢[8]。罢朝，怒谓长史[9]曰："吾当先斩以闻，乃先请，为儿所卖，固误。"丞相遂发病死。错以此愈贵。

注释：

[1] **内史**：京师行政长官。

[2] **请间**：又作"请闲"，这里指在空隙的时间奏请不方便让别人知道的事情。

[3] **倾**：凌驾，在……之上。

[4] **申屠嘉**：汉朝开国功臣，文帝时任丞相。汉景帝二年（公元前155 年），因晁错穿凿宗庙墙垣之事，气愤吐血而死，谥号为节侯。

[5] **壖（ruán）中**：城郭旁或者河边的空地，这里指太上庙内外墙之间的空地。

[6] **凿庙壖垣**：凿开了太上庙的围墙。壖垣，壖以外的围墙。

[7] **廷尉**：九卿之一，掌刑狱。

[8] **丞相谢**：以所奏不当天子意，丞相故谢罪。

[9] **长史**：丞相府属官，相当于今天的秘书长。

迁为御史大夫[1]，请诸侯之罪过，削其地，收其枝郡[2]。奏上，上令公卿列侯宗室集议[3]，莫敢难，独窦婴[4]争之，由此与错有郤[5]。错所更令三十章，诸侯皆喧哗疾[6]晁错。错父闻之，从颍川来，谓错曰："上初即位，公为政用事，侵削诸侯，别疏人骨肉，人口议多怨公者，何也？"晁错曰："固也。不如此，天子不尊，宗庙不安。"错父曰："刘氏安矣，而晁氏危矣，吾去公归矣[7]！"遂饮药[8]死，曰："吾不忍见祸及吾身。"死十余日，吴楚七国果反，以诛错为名。及窦婴、袁盎进说，上令晁错衣朝衣[9]斩东市[10]。

注释：

[1] **御史大夫**：副丞相，监察百官。

[2] **枝郡**：诸侯国四周边缘的郡。

[3] **上令公卿列侯宗室集议**：景帝诏令公卿、列侯和皇族一起讨论。

[4] **窦婴**：西汉大臣，吴、楚七国之乱时为大将军，后因功被封魏其侯。

[5] **郤（xì）**：通"隙"，隔阂。这里暗伏后来窦婴令袁盎说诛晁错案。

[6] **疾**：痛恨。

[7] **吾去公归矣**：我离开你去死了。

[8] **药**：毒药。

[9] **衣朝衣**：穿着朝服。斩晁错为汉景帝突然之举，未经司法程序，以召见名义引晁错直赴刑场，故衣朝衣。第一个"衣"是名词用作动词，穿着。

[10] **东市**：汉代刑场设在长安城东市。后以"东市"泛指刑场。

晁错已死，谒者仆射[11]邓公为校尉，击吴楚军为将。还，上书言军事，谒见上。上问曰："道 [2] 军所来，闻晁错死，吴楚罢不 [3]？"邓公曰："吴王为反数十年矣，发怒削地，以诛错为名，其意非在错也。且臣恐天下之士嗫口 [4]，不敢复言也！"上曰："何哉？"邓公曰："夫晁错患诸侯强大不可制，故请削地以尊京师，万世之利也。计画始行，卒受大戮，内杜忠臣之口，外为诸侯报仇，臣窃为陛下不取也。"于是景帝默然良久，曰："公言善，吾亦恨 [5] 之。"乃拜邓公为城阳中尉。

注释：

[1] **谒者仆射**：谒者的长官，掌朝廷礼仪、传达使命。

[2] **道**：由、经。

[3] **罢不**：军队撤退了吗？不，通"否"。

[4] **嗫口**：闭口。

[5] **恨**：悔恨、遗憾。

参考译文：

晁错是颍川人，曾经在轵县张恢先生那里学习过申不害和商鞅的刑名学说，与洛阳人宋孟和刘礼是同学。凭着通晓古代典籍而担任了太常掌故一职。

晁错为人严峻刚正，却又苛刻严酷。汉文帝的时候，天下没有研究《尚书》的人，只听说济南伏生是原来秦朝的博士，研究过《尚书》，年纪已经九十多岁，因为太老而无法征召他来，文帝于是下令太常派人前往学习。太常派遣晁错前往伏生那里学习《尚书》。晁错学成回来后，趁着向皇上报告利国利民的事，称引解说《尚书》。汉文帝下诏令，任命晁错担任太子舍人、门大夫、太子家令。晁错凭着他的辩才，得到了太子的宠幸，太子家称他为"智囊"。汉文帝的时候，晁错多次上疏，说到削减诸侯势力的事，以及修改法令的事。几十次上疏，汉文帝都没有采纳，但认为他有奇特的才能，提升他为中大夫。当时，太子称赞晁错的计策谋略，袁盎和诸位大功臣大多不喜欢晁错。

汉景帝即位后，任命晁错为内史。晁错多次请求皇帝单独与他谈论政事，景帝每每都听，宠幸他超过了九卿，晁错修改了不少的法令。丞相申屠嘉心里不满意，但又没有足够的力量来毁伤他。内史府建在太上庙围墙里的空地上，门朝东，出入很不方便，晁错便向南边开了两个门出入，因而凿开了太上庙的围墙。丞相申屠嘉听到了这件事，非常生气，打算就这次晁错的过失写成奏章，请求诛杀晁错。晁错听到了这个消息，当夜请求单独进谏皇上，具体详细地向皇上说明了这件事情。丞相申屠嘉上朝奏事，乘机禀告了晁错擅自凿开太上庙的围墙做门，请求皇上把他交给廷尉处死。皇上说："晁错所凿的墙不是太上庙的墙，而是庙外空地上的围墙，不至于触犯法令。"丞相谢罪。退朝之后，他生气地对长史说："我本当先杀了他再报告皇上，却先奏请，反而被这小子给出卖，实在是大错。"丞相于是发病死了。晁错因此更加显贵。

晁错被提升为御史大夫，请求就诸侯的罪过相应地削减他们的封地，收回各诸侯国边境的郡城。奏章呈送上去，皇上诏令公卿、列侯和皇族一起讨论，没有一个人敢非难晁错的建议，只有窦婴与他争辩，因此和晁错有了隔阂。晁错所修改的法令有三十章，诸侯都叫喊着反对，痛恨晁错。晁错的父亲听到了这个消息，就从颖川赶来，对晁错说："皇上刚刚即位，你执掌政权，侵害削弱诸侯的力量，疏远人家的骨肉，人们纷纷议论怨恨你，为什么要这样做呢？"晁错说："事情本来就应该这样，不这样的话，天子不会受到尊崇，国家不会得到安宁。"晁错的父亲又说："（照这样下去）刘家的天下安宁了，而我们晁家却危险了，我要离开你去死了。"便服毒药而死，死前说道："我不忍心看到祸患连累自己。"晁错的父亲死后十几天，吴楚七国果然反叛，以诛杀晁错为名义。等到窦婴、袁盎进言，皇上就命令晁错穿着朝服，在东市把他处死。

晁错死后，谒者仆射邓公担任校尉，攻打吴楚的军队时，他担任将领。回京城后，上疏报告军事情况，进谏皇上。皇上问道："你从军中来，听到晁错死了，吴楚的军队撤退了吗？"邓公说："吴王蓄意谋反已经有几十年了啊，他为你削减他的封地而发怒，所以以诛杀晁错为名义，他的本意并不在晁错呀。再说我担心天下的人从此都将闭口，再也不敢进言了。"皇上说："为什么呢？"邓公说："晁错担心诸侯强大了不能够制服，所以要求削减诸侯的封地，借以尊崇朝廷，这实在是关乎万世的好事啊。计划才开始实行，竟然遭到杀戮，对内堵塞了忠臣的口，对外反而替诸侯报了仇，我私下认为陛下这样做是不足取的。"此时景帝沉默了好久，说："您的话很对，我也悔恨这件事。"于是，任命邓公担任城阳中尉。

势与才：苏辙的以古鉴今

六国论

宋·苏辙

题解：

　　本文是苏辙在嘉祐五年（1060 年）为参加制科考试而写的二十五篇应制科举进论中的第四篇。他以"势"为突破点，从合纵连横、远交近攻的策略展开分析，阐述了秦灭六国的战略和六国被灭的原因。其父苏洵、其兄苏轼以及明代的李桢也都作过《六国论》，阐述了各自的观点，他们分别是从"赂秦""养士""仁义"的角度来探讨六国灭亡的原因，各有侧重，互为补充。

　　苏洵的《六国论》认为六国败亡的原因是"赂秦"，六国各自拿自己的土地去贿赂秦国，以"今日割五城，明日割十城"来求得一夕之安。这种立论是有道理的，与当时宋朝皇帝对契丹、西夏一味输币纳贡而不思用武力抵抗、奉行屈辱的投降政策密切相关，可以说针砭时弊，很有针对性。苏轼的《六国论》则突出强调了"养士"的作用，也就是重视人才的重要性。与其父兄不同，苏辙的这篇《六国论》则是从军事地理的形势来分析六国灭亡的原因，为六国提出了"自安之计"，虽然是六国合纵、联合抗秦的老路子，"厚韩亲魏以摈秦"的主张也不是他的创见，但这篇文章以"势"为分析中心，加之笔法简洁明快、说理透彻、论证有力，读后还是令人耳目一新。

　　明代学者李桢所写的《六国论》认为六国和秦一样暴虐，六国的灭亡就是因为它们力量弱小，却又想做秦国所做的事情，而六国要想免于灭亡，只有行仁义。

尝读六国《世家》，窃怪天下之诸侯，以五倍之地、十倍之众，发愤西向，以攻山西千里之秦，而不免于灭亡。常为之深思远虑，以为必有可以自安之计，盖未尝不咎其当时之士虑患之疏，而见利之浅，且不知天下之势也。

夫秦之所与诸侯争天下者，不在齐、楚、燕、赵也，而在韩、魏之郊；诸侯之所与秦争天下者，不在齐、楚、燕、赵也，而在韩、魏之野。秦之有韩、魏，譬如人之有腹心之疾也。韩、魏塞秦之冲，而蔽山东之诸侯，故夫天下之所重者，莫如韩、魏也。

昔者范睢用于秦而收韩，商鞅用于秦而收魏，昭王未得韩、魏之心，而出兵以攻齐之刚、寿，而范睢以为忧。然则秦之所忌者可以见矣。秦之用兵于燕、赵，秦之危事也。越韩过魏，而攻人之国都，燕、赵拒之于前，而韩、魏乘之于后，此危道也。而秦之攻燕、赵，未尝有韩、魏之忧，则韩、魏之附秦故也。

夫韩、魏诸侯之障，而使秦人得出入于其间，此岂知天下之势耶？委区区之韩、魏，以当强虎狼之秦，彼安得不折而入于秦哉？韩、魏折而入于秦，然后秦人得通其兵于东诸侯，而使天下遍受其祸。

夫韩、魏不能独当秦，而天下之诸侯，藉之以蔽其西，故莫如厚韩亲魏以摈秦。

秦人不敢逾韩、魏以窥齐、楚、燕、赵之国，而齐、楚、燕、赵之国，因得以自完于其间矣。以四无事之国，佐当寇之韩、魏，使韩、魏无东顾之忧，而为天下出身以当秦兵；以二国委秦，而四国休息于内，以阴助其急，若此，可以应夫无穷，彼秦者将何为哉？

不知出此，而乃贪疆场尺寸之利，背盟败约，以自相屠灭，秦兵未出，而天下诸侯已自困矣。至于秦人得伺其隙以取其国，可不悲哉！

注释与讲疏：

尝读六国《世家》[1]，窃怪天下之诸侯[2]，以五倍之地、十倍之众[3]，发愤[4]西向，以攻山西[5]千里之秦，而不免于灭亡。常为之深思远虑，以为必有可以自安之计，盖未尝不咎[6]其当时之士虑[7]患之疏[8]，而见利之浅，且不知天下之势[9]也。

注释：

[1] 六国《世家》：六国，指战国时除秦以外的六个诸侯国，它们是齐、楚、燕、赵、韩、魏。《世家》是《史记》中传记的一种体裁，主要叙述世袭诸侯国君的事迹。

[2] 窃怪天下之诸侯：对天下诸侯的情况感到奇怪。窃，私下，用作表示个人意见的谦辞。怪，对……感到奇怪。天下之诸侯，指除秦以外的六国。

[3] 五倍之地、十倍之众：指六国与秦相比，有其五倍的土地、十倍的人口。

[4] 发愤：下定决心，发奋振作。

[5] 山西：战国、秦汉时期通称崤山以西为山西。

[6] 咎：怪罪、责备。

[7] 虑：谋划、思考。

[8] 疏：粗糙、疏忽。

[9] 势：大势、形势。

讲疏：

作者在开头表明了自己的读书心得，对地广人众的六国诸侯被西方地仅千里的秦国灭亡而感到奇怪。"常为之深思远虑，以为必有可以自安之计"两句为下文分析六国的地理形势、作战策略做了预告。接着，作者才道出自己的看法，也就是本文的中心论点，即六国相继为秦所灭，要归咎于当时六国决策者的思虑疏漏、目光短浅，是他们"不知天下之势"的缘故。

夫秦之所与诸侯争天下者，不在齐、楚、燕、赵也，而在韩、魏之郊 [1]；诸侯之所与秦争天下者，不在齐、楚、燕、赵也，而在韩、魏之野。秦之有韩、魏，譬如人之有腹心之疾也。韩、魏塞 [2] 秦之冲 [3]，而蔽山东之诸侯 [4]，故夫天下之所重者，莫如韩、魏也。

注释：

[1] **在韩、魏之郊**：韩国和魏国的疆土大都在今山西东南部和河南一带，介于秦和齐、楚、燕、赵之间，为军事上必争之地。所以秦吞六国，首先战事当发生在"韩、魏之郊"。郊，城周围的地区，野外。与下句"韩、魏之野"的"野"同义，这里都是指国土的意思。

[2] **塞**：阻塞、挡住。

[3] **冲**：要冲，交通或军事要道，引申为重要的位置。

[4] **蔽山东之诸侯**：遮蔽了崤山以东的各诸侯国。蔽，遮挡、遮蔽。山东之诸侯，这里指齐、楚、燕、赵四个诸侯国。

讲疏：

在第二段中，作者就从当时的"天下之势"展开论述。文中反复论证秦与六国争天下，关键就在韩、魏之郊野。因为对秦来说，韩、魏首当其冲，若韩、魏不附，乃其腹心之疾；对山东之各诸侯国来说，韩、魏是他们理想的屏障。所以在七雄相斗的形势下，韩、魏的地位就显得特别重要。这就是当时起决定作用的"天下之势"。

昔者范雎 [1] 用于秦而收韩，商鞅 [2] 用于秦而收魏，昭王未得韩、魏之心，而出兵以攻齐之刚 [3]、寿 [4]，而范雎以为忧 [5]。然则秦之所忌 [6] 者可以见矣。秦之用兵于燕、赵，秦之危 [7] 事也。越韩过魏，而攻人之国都，燕、赵拒之于前，而韩、魏乘 [8] 之于后，此危道也。而秦之攻燕、赵，未尝有韩、魏之忧，则韩、魏之附[9]秦故也。

注释：

[1] 范雎（jū）：战国时魏国人，后改名为张禄进入秦，说服秦昭襄王采用"远交近攻"的策略，使秦国强大起来，征服了韩国。

[2] 商鞅：也叫卫鞅，卫国贵族，公孙氏。战国时卫国人，入秦后实行变法，征服了魏国。

[3] 刚：齐国城邑，故城在今山东省泰安市宁阳县。

[4] 寿：齐国城邑，故城在今山东省菏泽市郓城县。

[5] 忧：忧虑、忧愁。

[6] 忌：顾忌、畏惧。

[7] 危：危险。

[8] 乘：凭借、趁着，此处指乘势攻击。

[9] 附：依附、归附。

讲疏：

作者指出当时的"天下之势"之后，接着从正反两方面引例论证。以秦国方面来说，范雎受秦重用，立即助秦昭襄王收韩；商鞅受秦重用，则助秦孝公收魏。当韩、魏未附秦之时，昭襄王出兵攻齐，范雎忧之。由此证明秦欲争得天下，必先收韩、魏而后可。若秦军越韩过魏而攻燕赵，这本身是件冒险之举，若燕赵正面迎战，韩、魏再乘机击之于后，那就有全军覆灭的危险。然而事实并非如此，秦人远攻燕赵，却毫无韩、魏之忧，那是韩、魏屈服于秦的缘故。

夫韩、魏诸侯之障[1]，而使秦人得出入于其间，此岂知天下之势耶？委[2]区区[3]之韩、魏，以当[4]强虎狼之秦，彼安得不折[5]而入于秦哉？韩、魏折而入于秦，然后秦人得[6]通[7]其兵于东诸侯，而使天下遍[8]受其祸。

注释：

[1] **障**：屏障。

[2] **委**：委弃、听任。

[3] **区区**：小、少，微小的样子。

[4] **当**：抵挡。

[5] **折**：屈服、服从。

[6] **得**：用在动词前，表示能够、可以、得以。

[7] **通**：通畅，没有阻碍。

[8] **遍**：普遍、全面。

讲疏：

紧接上一段，这里从六国的方面引例论证，来论述"天下之势"。作者先是指责韩、魏附秦是不识"天下之势"；进而又为其开脱，因为韩、魏本身势孤力弱，面对虎狼之秦，又怎能自保而不归附于秦呢？其中隐含着批评山东各诸侯国"不知天下之势"而不助韩、魏抗秦的倾向。正是由于六国都不能正视"天下之势"，以致秦国得以向东扩张而"天下遍受其祸"。

夫韩、魏不能独当秦，而天下之诸侯，藉 [1] 之以蔽其西，故莫如厚韩亲魏以摈 [2] 秦。

注释：

[1] **藉**（jiè）：凭借、依靠。

[2] **摈**（bìn）：排斥、摒弃。

讲疏：

这一段再从各诸侯国着笔，阐明作者为其构想的"自安之计"，当时的天下之势，一方面韩、魏不能单独抗拒强秦；另一方面，山东各诸侯国又要借助韩、魏以抗秦。那最好的办法就是作者提出的齐、楚、燕、赵应当厚韩亲魏，联合抗秦，以图共同生存的战略主张，这也就是合纵抗秦的主张。

秦人不敢逾[1]韩、魏以窥[2]齐、楚、燕、赵之国，而齐、楚、燕、赵之国，因得以自完[3]于其间矣。以四无事之国，佐[4]当寇[5]之韩、魏，使韩、魏无东顾之忧，而为天下出身[6]以当秦兵；以二国委秦，而四国休息于内，以阴助其急[7]，若此，可以应夫无穷，彼秦者将何为哉？

注释：

[1] **逾**：越过。

[2] **窥**：伺机图谋。

[3] **完**：全，这里指保全国家的完整。

[4] **佐**：辅佐、协助。

[5] **寇**：敌寇、侵略者，这里指秦国。

[6] **出身**：献身。

[7] **急**：危急、危难。

讲疏：

这一"自安之计"的战略实施后，就会出现另一种局面：秦国不敢越过韩、魏的土地远攻齐、楚、燕、赵；而齐、楚、燕、赵也就能安居后方。一旦齐、楚、燕、赵能与韩、魏通力合作，相互支援，那秦国就不能有所作为，六国也就不至于灭亡了。

不知出此，而乃贪疆埸[1]尺寸之利，背盟败约[2]，以自相屠灭[3]，秦兵未出，而天下诸侯已自困矣。至于秦人得伺其隙[4]以取其国，可不悲哉！

注释：

[1] **疆埸（ yì）**：疆土、领土。埸，疆界、边界。

[2] **背盟败约**：背败盟约。背，背弃。败，破坏。

[3] **自相屠灭**：指六国间自相残杀。

[4] **伺其隙**：窥测着六国疲困的可乘之机。伺，等候、等待，候望、

探察。隙，漏洞、机会。

讲疏：

最后一段回到冷酷的历史现实，那就是六国决策者目光短浅，不识"天下之势"，彼此"背盟败约，以自相屠灭"，以致"秦兵未出，而天下诸侯已自困矣"，从而自食恶果，相继灭亡。文章写到"可不悲哉"戛然而止，令人感慨不尽。

参考译文：

我曾经读过《史记》中"六国世家"的故事，对天下诸侯的情况感到奇怪：凭着比秦国大五倍的土地，多十倍的军队，下定决心向西攻打崤山西边面积千里的秦国，却免不了灭亡。我常为这件事进行深远的思考，认为一定有能够用来自求安定的计策；因此我未尝不责怪那时候的一些谋士，在谋划应付忧患时是多么粗略，图谋利益时又是那么肤浅，而且不了解天下的形势啊！

秦国要和诸侯争夺天下的目标，不是齐、楚、燕、赵等地区，而是韩、魏的国土；诸侯要和秦国争夺天下的目标，也不是齐、楚、燕、赵等地区，而是韩、魏的境内。对秦国来说，韩、魏的存在，就好比人有心腹的疾病一样；韩、魏两国阻挡了秦国出入的要道，却掩护着崤山东边的所有国家，所以全天下位置特别重要的地区，再也没有比得上韩、魏两国了。

从前范雎被秦国重用，就征服了韩国；商鞅被秦国重用，就征服了魏国。秦昭襄王在还没获得韩、魏的归心以前，却出兵去攻打齐国的刚、寿一带，范雎认为是值得担忧的。既然这样那么秦国忌惮的事情，就可以看得出来了。秦国要对燕、赵两国动用兵力，这对秦国是危险的事情。越过韩、魏两国去攻打人家的国都，燕、赵在前面抵挡它，韩、魏就从后面偷袭它，这是危险的途径啊！可是当秦国去攻打燕、赵时，却不曾有韩、魏从背后偷袭的忧虑，就是韩、魏归附了秦国的缘故啊！

　　韩、魏是诸侯各国的屏障，却让秦国人能够在他们的国境内进出自如，这难道是了解天下的情势吗？任由小小的韩、魏两国，去抵挡像虎狼一般强横的秦国，他们怎能不屈服而归向秦国呢？韩、魏一屈服而归向秦国，从此以后秦国人就可以出动军队直达东边各国，而且让全天下到处都遭受他们的祸害。

　　韩、魏是不能单独抵挡秦国的，可是全天下的诸侯，却必须靠着它们去隔开西边的秦国，所以不如厚交亲近韩、魏来抵御秦国。

　　秦国人不敢越过韩、魏来图谋齐、楚、燕、赵四国，然后齐、楚、燕、赵四国，也就因此可以在他们的领土内保全自己的国家了。凭着四个没有战事的国家，协助面临敌寇威胁的韩、魏两国，让韩、魏没有防备东边各国的忧虑，替全天下挺身而出来抵挡秦国军队；用韩、魏两国的力量对付秦国，其余四国则在后方休养生息，来暗中援助他们的急难，像这样就可以源源不绝地应付了，那秦国还能有什么作为呢？

　　诸侯不知道要采取这样的策略，却只贪图边境上些微土地的利益，违背盟誓、毁弃约定，来互相残杀同阵营的人，秦国的军队还没出动，天下的诸侯各国就已经困住自己了。直到让秦国人能够乘虚而入来吞了他们的国家，怎不令人悲哀呢！

文史共读：《史记·秦始皇本纪》节选

　　十五年[1]，大兴兵，一军至邺，一军至太原[2]，取狼孟[3]。地动。

　　十六年九月，发卒受地韩南阳[4]假守腾[5]。初令男子书年[6]。魏献地于秦。秦置丽邑[7]。

　　十七年，内史腾攻韩，得韩王安，尽纳其地，以其地为郡，命曰颍川[8]。地动。华阳太后[9]卒。民大饥。

　　十八年，大兴兵攻赵，王翦将上地[10]，下井陉[11]，端和将河内[12]，羌瘣[13]伐赵，端和围邯郸城。

十九年，王翦、羌瘣尽定取赵地东阳[14]，得赵王。引兵欲攻燕，屯中山[15]。秦王之邯郸，诸尝与王生赵时母家有仇怨，皆阬[16]之。秦王还，从太原、上郡归。始皇帝母太后崩[17]。赵公子嘉率其宗数百人之代[18]，自立为代王，东与燕合兵，军上谷[19]。大饥。

二十年，燕太子丹[20]患秦兵至国，恐，使荆轲[21]刺秦王。秦王觉之，体解轲以徇，而使王翦、辛胜[22]攻燕。燕、代发兵击秦军，秦军破燕易水[23]之西。

二十一年，王贲[24]攻荆[25]。乃益发卒诣王翦军，遂破燕太子军，取燕蓟城[26]，得太子丹之首。燕王[27]东收辽东[28]而王[29]之。王翦谢病[30]老归。新郑[31]反。昌平君[32]徙于郢[33]。大雨雪，深二尺五寸。

二十二年，王贲攻魏，引河沟[34]灌大梁，大梁城坏，其王[35]请降，尽取其地。

二十三年，秦王复召王翦，彊起之，使将击荆。取陈[36]以南至平舆[37]，虏荆王[38]。秦王游至郢陈[39]。荆将项燕[40]立昌平君为荆王，反秦于淮南[41]。

二十四年，王翦、蒙武[42]攻荆，破荆军，昌平君死，项燕遂自杀。

二十五年，大兴兵，使王贲将，攻燕辽东，得燕王喜。还攻代，虏代王嘉。王翦遂定荆江南地；降越君[43]，置会稽郡[44]。五月，天下大酺[45]。

二十六年，齐王建[46]与其相后胜[47]发兵守其西界，不通秦。秦使将军王贲从燕南攻齐，得齐王建。

注释：

[1] **十五年**：指秦王政十五年，即公元前232年。

[2] **太原**：指太原郡。

[3] **狼孟**：赵国地名，在今山西省太原市阳曲县。

[4] **南阳**：在今河南省西南部一带。秦昭襄王三十五年（公元前272年），秦初置南阳郡。这次接收的南阳当是秦昭襄王所置南阳郡以外被

韩国控制的地区。

[5] **假守腾**：代理郡守腾。假，摄代、代理。守，郡守，一郡最高的行政和军事长官。腾，姓失载，与下文内史腾可能是同一人。

[6] **男子书年**：男子在簿籍上登记年龄，主要是为了便于官府征发壮丁，服徭役，或充军打仗。

[7] **丽邑**：又作"骊邑"，汉高祖改名新丰，在今陕西省西安市临潼区东。

[8] **颍川**：境内有颍水穿流，故名。辖地在今河南省登封市、宝丰县以东，尉氏县、漯河市郾城区以西，密县以南，舞阳县、叶县以北。

[9] **华阳太后**：秦孝惠文王为太子时，立所爱姬为正夫人，号曰"华阳夫人"，孝惠文王即位，华阳夫人为王后。庄襄王生母为夏姬，养母为华阳后。庄襄王即位后，华阳后为华阳太后。事详《史记·吕不韦列传》。

[10] **上地**：指上郡地。

[11] **井陉**（xíng）：在今河北省井陉县西北，城内有井陉山。

[12] **河内**：指河内郡。秦统一全国后，河内郡辖有今河南省林县、济源市以东，滑县、新乡市以西，安阳市以南，孟州市以北。

[13] **羌瘣**（huì）：秦国将领。

[14] **东阳**：指太行山以东赵国地区。

[15] **中山**：春秋时白狄别族所建立的国家，赵惠文王三年（公元前296年），为赵所灭，故地在今河北省境内滹沱河流域。

[16] **阬**（kēng）：同"坑"，活埋。

[17] **崩**：按照封建等级制度，皇帝、皇后、皇太后死曰"崩"，诸侯死曰"薨"，大夫死曰"卒"。

[18] **代**：据《史记·匈奴列传》记载，赵武灵王置代郡。后来秦沿置，郡治在今河北省张家口市蔚县代王城。

[19] **上谷**：燕国始置上谷郡，秦统一后，仍沿置此郡，郡治在今河

北省张家口市怀来县。

[20] **燕太子丹**：燕王喜之子，曾到秦国做人质，秦王政对他很不好，后逃回燕国。他看到秦国不断吞噬各诸侯国，祸将延及燕国，就阴养壮士，派荆轲西刺秦王。荆轲行刺没有成功，秦王派王翦率军进攻燕国，燕王喜、太子丹率军退守辽东，后来燕王喜被迫斩太子丹首献给秦国。

[21] **荆轲**：卫国人。卫国人叫他庆卿，燕国人叫他荆卿，喜好读书击剑。在燕国时，被燕太子丹尊为上卿，奉命刺杀秦王政。在燕王喜二十八年（公元前 227 年），他带着秦国逃亡将军樊於期的头颅和夹有匕首的督亢（今河北省易县、涿州市、固安县一带）地图，作为献给秦王的礼物。荆轲献图，图穷而匕首见，刺秦王未中而死。事详见《史记·刺客列传》。

[22] **辛胜**：秦国将军。

[23] **易水**：在燕国南境，发源于今河北省易县西，东流至定兴县西南，注入拒马河。

[24] **王贲**：秦国将领，王翦之子，先后率军攻楚，灭魏，灭燕，虏代王嘉，灭齐，战功卓著，封通武侯。

[25] **荆**：楚国。楚国原建立于荆山（今湖北省南漳县西），所以楚也称荆。一说，秦始皇的父亲庄襄王名楚，秦国史书为避讳，改称楚国为荆国。

[26] **蓟（jì）城**：燕国都城，故地在今北京市西南角。

[27] **燕王**：燕王喜，燕孝王之子，公元前 254 年即位，在位 33 年，被秦国俘虏。

[28] **辽东**：燕国设置的郡，秦沿置。辖有辽宁省大凌河以东地区，治所在襄平（今辽宁省辽阳市）。

[29] **王（wàng）**：称王。

[30] **谢病**：托病辞职。秦国屡次打败楚军之后，准备灭亡楚国。当时秦将李信，年少壮勇。秦王政问李信灭楚需要多少士卒，李信说："不

过用二十万人。"又问王翦，王翦说："非六十万人不可。"秦王以为王翦年老胆怯，派李信、蒙恬率军二十万攻楚，王翦遂告病，归老频阳。后来李信军败，秦王又起用王翦为将，最后消灭了楚国。事详见《史记·王翦列传》。

[31] **新郑**：春秋时曾为郑国都城，战国韩哀侯灭郑后也建都于此。故城在今河南省新郑市。

[32] **昌平君**：芈姓，熊氏，名启，楚考烈王之子。战国末期楚国公子，受封为昌平君，仕于秦，为秦庄襄王、秦始皇之臣。公元前238年受命平定"嫪毐之乱"，后被秦始皇派往陈郢以安抚楚民。公元前225年，反秦于陈郢，后作战不利，向淮南败退。公元前223年，昌平君在淮南被拥为楚王，在淮南一带继续反抗秦国。因王翦、蒙武率秦军来攻，兵败身亡。

[33] **郢**：指寿春，故地在今安徽省寿县。

[34] **河沟**：指黄河和古代运河鸿沟。

[35] **王**：指魏王假，公元前227—公元前225年在位。

[36] **陈**：在今河南省周口市淮阳区。

[37] **平舆**：在今河南省平舆县北。

[38] **荆王**：指楚王负刍，公元前228—公元前223年在位。

[39] **郢陈**：陈，楚顷襄王二十一年（公元前278年），秦将白起攻拔楚都郢，楚顷襄王兵散不能再战，徙都陈。楚长期以郢为都，所以陈也被称为郢陈。

[40] **项燕**：项梁之父。陈涉起义曾以项燕为号召。

[41] **淮南**：淮水之南。

[42] **蒙武**：蒙骜之子、蒙恬之父，秦昭襄王时已为秦将，曾率军伐齐。

[43] **越君**：王翦所降越君，应该是占据秦所置会稽郡者。

[44] **会稽郡**：辖有今江苏省东南部、浙江省中部以北和安徽省东南

部。治所在吴县（今江苏省东南部）。

[45] 酺（pú）：欢聚宴饮。秦汉法律规定，不许三人以上无故聚饮，违者罚金。秦王指令天下大宴饮，是因为当时秦国相继平定了韩、赵、魏、燕、楚五国，齐国也即将被秦灭亡。

[46] 齐王建：齐襄王之子，公元前264—公元前221年在位。

[47] 后胜：战国末期任齐国宰相。秦国送重金给后胜，连后胜的宾客、仆从都能得到贿赂。后胜因此劝齐王依附秦国，不修战备，也不出兵援助受秦国侵略的其他国家。秦国相继剿灭其他五国之后，举兵向齐，齐不战而降，齐王被俘。

秦王初并天下，令丞相、御史 [1] 曰："异日韩王纳地效 [2] 玺，请为藩臣，已而倍约 [3]，与赵、魏合从畔秦 [4]，故兴兵诛之，虏其王。寡人 [5] 以为善，庶几 [6] 息兵革。赵王使其相李牧 [7] 来约盟 [8]，故归其质子。已而倍盟 [9]，反我太原，故兴兵诛之，得其王。赵公子嘉乃自立为代王，故举兵击灭之。魏王始约服入秦 [10]，已而与韩、赵谋袭秦，秦兵吏诛，遂破之。荆王献青阳 [11] 以西，已而畔约，击我南郡 [12]，故发兵诛，得其王，遂定其荆地。燕王昏乱，其太子丹乃阴令荆轲为贼，兵吏诛，灭其国。齐王用后胜计，绝秦使，欲为乱，兵吏诛，虏其王，平齐地。寡人以眇眇 [13] 之身，兴兵诛暴乱 [14]，赖宗庙之灵，六王咸服其辜，天下大定。今名号不更，无以称成功 [15]，传后世。其议帝号。"丞相绾、御史大夫劫、廷尉斯 [16] 等皆曰："昔者五帝 [17] 地方千里 [18]，其外侯服、夷服 [19]，诸侯或朝或否 [20]，天子不能制。今陛下兴义兵，诛残贼，平定天下，海内为郡县，法令由一统，自上古以来未尝有，五帝所不及。臣等谨与博士 [21] 议曰：'古有天皇 [22]，有地皇，有泰皇，泰皇最贵。'臣等昧死 [23] 上尊号，王为'泰皇'。命 [24] 为'制'，令 [25] 为'诏'，天子自称曰'朕 [26]'。"王曰："去'泰'，著'皇'，采上古'帝'位号，号曰'皇帝'。他如议 [27]。"制曰："可。"追尊庄襄王为太上皇。制曰："朕闻太古有号毋谥 [28]，中古有号，死而以行为谥。如此，则子议父，臣议君也，甚无谓，朕弗取焉。自今已来，除谥法。朕为始皇帝。后世以计数，二世三世至于万世，传之无穷。"

注释：

[1] **御史**：御史大夫，在君主左右掌管文书档案记录等事，又负责监察执法讨奸治狱，是秦代最高的监察官。始皇时此官地位仅次于左右丞相，相当于副丞相。

[2] **效**：献出。

[3] **倍约**：背叛盟约。倍，通"背"。

[4] **畔秦**：背叛秦国。畔，通"叛"。

[5] **寡人**：少德之人。这是自我谦辞。

[6] **庶几**：或许。

[7] **李牧**：战国时赵国名将，曾驻守赵北方边境，大破匈奴。赵王迁时，又大败秦军，封为武安君，后被赵王迁杀害。

[8] **约盟**：签约结盟，不相互侵略攻伐。

[9] **倍盟**：背叛盟约的规定，不承认结盟关系。倍，通"背"。

[10] **约服入秦**：约好服从秦国，并来秦国朝觐。

[11] **青阳**：在今湖南省长沙市。

[12] **南郡**：在今湖北省荆州市。

[13] **眇（miǎo）眇**：微小，是自我谦辞。

[14] **诛暴乱**：诛暴讨乱。这是秦消灭六国的借口。

[15] **称（chèn）成功**：与成功相称。

[16] **丞相绾（wǎn）、御史大夫劫、廷尉斯**：丞相王绾、御史大夫冯劫、廷尉李斯，为当时朝廷几位主要官员。

[17] **五帝**：我国古代传说中氏族社会的五个帝王。据《史记·五帝本纪》所载，这五个帝王是黄帝、颛顼、帝喾、唐尧、虞舜。

[18] **地方千里**：国土千里见方，即长宽各千里。地、方是两个词。

[19] **侯服、夷服**：古人将天子直接统治的地区称为王畿，其他地区按距离远近分为九服，即侯服、甸服、男服、采服、卫服、蛮服、夷服、镇服、藩服，每服相去五百里，这只是一种理想的政治区划。这里说"侯服"，表示距王畿较近的地区；说"夷服"，表示距王畿较远的地区。

[20] **或朝或否**：有的臣服而朝觐，有的不臣服不朝觐。

[21] **博士**：秦代设置的学官，通晓古今，以待帝王咨询，又负责掌管文献典籍。

[22] **天皇**：与下文的"地皇""泰皇"均为传说中的三个帝王。

[23] **昧（mèi）死**：冒犯死罪，是臣下上疏时用来表示敬畏的套语。

[24] **命**：君主颁布的有关制度性、法则性的命令。

[25] **令**：君主就一具体事物颁布的一般性命令。

[26] **朕（zhèn）**：本为古人自称之辞，从秦始皇帝始，专用为皇帝自称。皇太后听政亦可自称"朕"。

[27] **如议**：认可朝议时所表达的意见。

[28] **谥（shì）**：古代君主或有地位的人死后，根据生前事迹给予的一字或两字称号。

参考译文：

十五年（公元前232年），秦国大举出兵，一路军队来到邺城，一路军队来到太原，攻取狼孟。这一年发生了地震。

十六年（公元前231年）九月，秦国派兵接收韩国的南阳地区，任命腾为代理郡守。秦国开始命令全国男子登记年龄。魏国割让土地给秦国。秦国设置丽邑。

十七年（公元前230年），内史腾攻打韩国，擒获韩王安，占领了韩国的全部国土，秦国将韩地设置为郡，命名为颍川。这一年发生了地震。华阳太后去世。民间发生严重的饥荒。

十八年（公元前 229 年），秦国大举发兵攻打赵国，王翦带领上郡的军队，攻下井陉，杨端和带领河内的军队，羌瘣攻打赵国，杨端和包围邯郸。

十九年（公元前 228 年），王翦、羌瘣完全平定并攻取赵国的东阳，擒获赵王。又想带兵攻打燕国，驻扎在中山。秦王来到邯郸，那些曾经和他出生在赵国时的母家有仇怨的人，全部被坑杀。秦王返回，经过太原、上郡回到国都。始皇帝母太后去世。赵国的公子嘉带领宗族几百人来到代郡，自立为代王，向东与燕国的军队联合，驻扎在上谷。秦国发生严重的饥荒。

二十年（公元前 227 年），燕国的太子丹担心秦国军队打到他的国家，非常恐惧，派荆轲去刺杀秦王。秦王发觉后，将荆轲肢解来示众，并且派王翦、辛胜攻打燕国。燕国、代国出兵迎击秦军，秦军在易水以西打败燕军。

二十一年（公元前 226 年），王贲攻打楚国。秦王于是增派兵力前往支持王翦的军队，最终打败了燕国太子丹的军队，攻取燕都蓟城，得到了太子丹的首级。燕王向东收拢辽东的残部而在那里称王。王翦称病告老回乡。新郑反叛。昌平君被迁到郢。这一年天降大雪，积雪深达二尺五寸。

二十二年（公元前 225 年），王贲攻打魏国，引黄河和鸿沟的水淹灌大梁城，大梁城墙被水冲毁，魏王请求投降，秦国完全占领魏国的土地。

二十三年（公元前 224 年），秦王再次召回王翦，坚持要任用他，派他去攻打楚国。秦军夺取陈县以南一直到平舆的土地，擒获楚王。秦王到郢陈巡游。楚将项燕立昌平君为楚王，在淮水以南反抗秦军。

二十四年（公元前 223 年），王翦、蒙武进攻楚国，打败楚军，昌平君死去，项燕最终自杀。

二十五年（公元前 222 年），秦国大举发兵，派王贲带领军队，攻打燕国的辽东，擒获燕王喜。秦军掉头攻打代国，俘虏代王嘉。王翦最终平定了楚国的江南地区，降伏越君，设置会稽郡。五月，秦王下令天下欢聚宴饮。

二十六年（公元前 221 年），齐王建和他的相国后胜调发士兵防守齐国的西部边界，不与秦国往来。秦王派将军王贲从燕国以南攻打齐国，擒获齐王建。

秦王刚兼并天下，下令丞相、御史说："当初（以前）韩王进献土地，交出印玺，请求成为藩臣，不久就违背了约定，与赵国、魏国联合背叛秦国，所以我兴兵讨伐，俘虏其王。我认为这样做很好，或许可以平息战争。赵王派丞相李牧来签盟约，所以送回了他做人质的儿子。不久赵国背叛盟约，攻打我太原。我发兵讨伐赵国，俘虏其王。赵国公子嘉自立为代王，所以我发兵灭他。魏王最初约定向秦国臣服，不久又同韩国、赵国谋划袭击秦国。秦国吏卒前往讨伐，摧毁了魏国。荆王献出青阳以西的土地，不久违背约定，进攻我国南郡，所以我发兵讨伐，捕获荆王，平定荆地。燕王昏庸迷乱，他的太子丹竟然暗中指使荆轲刺杀我，我派出将士又去讨伐，灭了他的国家。齐王采用相国后胜的计谋，断绝了与秦的邦交，想要作乱，我派出将士又去讨伐，俘虏了齐王，平定了齐国。我以区区渺小之身，发兵诛暴讨乱，靠祖先宗庙之威灵，六王都已各服其罪，天下完全平定。现在还沿用旧名号，就不能与我前所未有的功业相匹配，流传后世。希望讨论一下帝王的名号。"丞相王绾、御史大夫冯劫、廷尉李斯等都说："过去五帝辖区千里见方，王畿之外的侯服、夷服，区分九等，有的诸侯朝贡，有的诸侯不朝贡，天子不能控制。现在陛下调遣义军，诛暴讨贼，平定四海，设置郡具，统一法令，上古以来没有如此盛世，五帝也望尘莫及。我们和博士认真讨论，都说：'古代有天皇，有地皇，有泰皇，泰皇最高贵。'我们冒着死罪献上尊号，王称为'泰皇'。天子之命称为'制'，天子之令称为'诏'，天子自称为'朕'。"秦王说："去掉'泰'字，留下'皇'字，采用上古表示地位称号的'帝'字，叫作'皇帝'。其他议定均可。"皇帝下令说："朝议所决，均可。"追尊庄襄王为太上皇。皇帝又下令说："我听说远古有名号，没有谥号，中古有名号，死后根据生前行迹确定谥号。这样不就是儿子议论父亲，臣子议论君王吗？甚感不妥，我不采取这种做法。从此以后，废除谥法。我是始皇帝。子孙后代按顺序沿袭，从二世、三世直到万世，传承无穷。"

汉光武

宋·苏辙

东汉光武帝刘秀是我国历史上杰出的皇帝。刘秀的部将马援这样评价刘秀："才明勇略，非人敌也。且开心见诚，无所隐伏，阔达多大节，略与高帝同。经学博览，政事文辩，前世无比。"后世的曹植、诸葛亮、司马光、朱元璋、王夫之、乾隆皇帝、秋瑾、梁启超等历史名人也都对光武帝刘秀赞誉有加。当代学者南怀瑾也说："在中国两千年左右的历史上，比较值得称道，能够做到齐家治国的榜样，大概算来，只有东汉中兴之主的光武帝刘秀一人。"如此帝王，如此功业，那在苏辙的心中光武帝是一个什么样的形象呢？

人主之德在于知人，其病在于多才。知人而善用之，若己有焉，虽至于尧、舜，可也。多才而自用，虽有贤者，无所复施，则亦仅自立耳。汉高帝谋事不如张良，用兵不如韩信，治国不如萧何，知此三人而用之不疑，西破强秦，东伏项羽，曾莫与抗者。及天下既平，政事一出于何，法令讲若画一，民安其生，天下遂以无事。又继之以曹参，终之以平、勃，至文、景之际，中外晏然。凡此，皆高帝知人之余功也。

东汉光武，才备文武，破寻、邑，取赵、魏，鞭笞群盗，算无遗策，计其武功，若优于高帝。然使当高帝之世，与项羽为敌，必有不能办者。

及既履大位，惩王莽篡夺之祸，虽置三公而不付以事。专任尚书，以督文书，绳奸诈为贤。政事察察，下不能欺，一时称治。然而异己者斥，非谶者弃，专以一身任天下。其智之所不见，力之所不举者多矣。至于明帝，任察愈甚。故东汉之治，宽厚乐易之风远不及西汉。贤士大夫立于其朝，志不获伸。虽号称治安，皆其父子才志之所止，君子不尚者也。

高帝举天下后世之重属之大臣。大臣亦尽其心力以报之。故吕氏之乱，平、勃得置力焉，诛产、禄，立文帝，若反覆手之易。当是时，大臣权任之盛，风流相接，至申屠嘉犹召辱邓通，议斩晁错，而文、景不以为忤，则高帝之用人，其重如此。

景、武之后，此风衰矣。大臣用舍，仅如仆隶。武帝之老也，将立少主，知非大臣不可，乃委任霍光。霍光之权在诸臣右，故能翊昭建宣，天下莫敢异议。至于宣帝，虽明察有余，而性本忌克，非张安世之谨畏，陈万年之顺从，鲜有能容者。恶杨恽、盖宽饶，害赵广汉、韩延寿，悍然无恻怛之意。高才之士侧足而履其朝。陵迟至于元、成，朝无重臣，养成王氏之祸。故莽以斗筲之才，济之以欺罔，而士无一人敢指其非者。

光武之兴，虽文武之略足以鼓舞一世，而不知用人之长，以济其所不足，幸而子孙皆贤，权在人主，故其害不见。及和帝幼少，窦后擅朝。窦宪兄弟恣横，杀都乡侯畅于朝。事发，请击匈奴以自赎。及其成功，又欲立北单于以树恩固位。袁安、任隗皆以三公守义力争，而不能胜，幸而宪以逆谋败。盖光武不任大臣之积，其弊乃见于此。其后汉日以衰，及其诛阎显，立顺帝，功出于宦官；黜清河王，杀李固，事成于外戚。大臣皆无所与。及其末流，梁冀之害重，天下不能容，复假宦官以去之。宦官之害极，天下不能堪，至召外兵以除之。外兵既入，而东汉之祚尽矣。盖光武不任大臣之祸，势极于此。

夫人君不能皆贤，君有不能而属之大臣，朝廷之正也。事出于正，则其成多，其败少。历观古今，大臣任事而祸至于不测者，必有故也。今畏忌大臣而使他人得乘其隙，不在外戚，必在宦官。外戚、宦官更相屠灭，至以外兵继之。呜呼，殆哉！

人主之德在于知人，其病在于多才。知人而善用之，若己有焉，虽至于尧、舜[1]，可也。多才而自用，虽有贤者，无所复施，则亦仅自立耳。汉高帝谋事不如张良[2]，用兵不如韩信[3]，治国不如萧何[4]，知此三人而用之不疑，西破强秦，东伏项羽，曾莫与抗者。及天下既平，政事一出于何，法令讲若画一，民安其生，天下遂以无事。又继之以曹参[5]，终之以平、勃[6]，至文、景之际，中外晏然[7]。凡此，皆高帝知人之余功也。

注释：

[1] **尧、舜**：上古时期贤明的帝王。

[2] **张良**：汉高祖刘邦的谋臣，"汉初三杰"之一。

[3] **韩信**：汉高祖刘邦的大将，"汉初三杰"之一。

[4] **萧何**：汉高祖刘邦的谋臣，汉初为丞相，"汉初三杰"之一。

[5] **曹参**：佐刘邦灭项羽，封平阳侯。惠帝时，继萧何为相，以无为为治，一切遵守萧何的规定。

[6] **平、勃**：指陈平、周勃。

[7] **晏然**：安宁、安定的样子。

讲疏：

这一段开篇明义，提出了本文的主要观点，即"人主之德在于知人，其病在于多才"。本段关键词是"知人"和"多才"，这也是古代帝王有鲜明对比的两种治国方式，即"知人而善用"和"多才而自用"。然后作者以汉朝开国皇帝刘邦为例探讨"知人而善用"的做法及其效果，为下文深入分析提供了参照的标杆。

东汉光武，才备文武，破[1]寻、邑[2]，取[3]赵、魏，鞭笞[4]群盗，算[5]无遗策，计[6]其武功，若优于高帝。然使当高帝之世，与项羽为敌，必有不能办者。及既履大位，惩[7]王莽篡夺之祸，虽置三公而不付以事。专任尚书，以督文书，绳[8]奸诈为贤。政事察察[9]，下不能欺，一时称治。然而异己者斥，非谶[10]者弃，专[11]以一身任天下。其智之所不见，力之所不举者多矣。至于明帝，任察愈甚。故东汉之治，宽厚乐易之风远不及西汉。贤士大夫立[12]于其朝，志不获伸。虽号称治安，皆其父子才志之所止[13]，君子不尚[14]者也。

注释：

[1] **破**：打败、打垮。

[2] **寻、邑**：王寻、王邑，新朝王莽的大将。

[3] **取**：夺取、攻占。

[4] **鞭笞**：拷打（犯人等）用的鞭子、竹板等物，此处比喻以武力、暴力征服（平定、控制）。

[5] **算**：算计、谋划。

[6] **计**：考察。

[7] **惩**：借鉴。

[8] **绳**：按一定的标准去衡量，纠正。

[9] **政事察察**：治理天下时，朝廷颁布的各种行为标准过多，规定过于详细、清楚。察察，明辨、清楚。此处指政治上的严明而苛刻。

[10] **非谶（chèn）**：不相信图谶。谶，谶纬，指预言吉凶得失的文字、图画等。

[11] **专**：独自掌握、控制。

[12] **立**：站立、存在，此处指在朝廷中做事或在朝廷中的位子。

[13] **止**：至、到。

[14] **不尚**：不崇尚、不敬重。

讲疏：

这一段作者转到了光武帝，关键词是"任察"。作者指出了光武帝的"多才而自用"和矫枉过正。光武帝文武双全，其文治武功在汉代的帝王中也是出类拔萃的。但作为国君他的毛病也恰恰在于多才。人主之德在于知人善任，而不在于多才自用。后来他又"惩王莽篡夺之祸"，矫枉过正而不信任大臣，以至于"政事察察"，到汉明帝时政治上的"任察"更为严重。应该任用那些贤能的臣下，让他们替人主施政治国，这样国家才能大治。而国君依仗自己多才，"专以一身任天下，其智之所不见，力之所不举者多矣"，治国有疏漏则在所难免。比较东汉和西汉的政治风气，东汉政治上的严明苛刻非常明显，作者也明确指出这是君子所不崇尚的。

高帝举天下后世之重 [1] 属 [2] 之大臣。大臣亦尽其心力以报之。故吕氏之乱，平、勃得置力焉，诛产、禄 [3]，立文帝，若反覆手之易。当是时，大臣权任之盛 [4]，风流相接，至申屠嘉犹召辱邓通 [5]，议斩晁错，而文、景不以为忤 [6]，则高帝之用人，其重如此。

注释：

[1] **重**：重要、贵重，形容事物价值高或具有重大意义、作用或影响。此处应指权力、权势，即赋予应有的权力和地位。

[2] **属（zhǔ）**：同"嘱"，托付、嘱咐。下文"属之大臣"同。

[3] **诛产、禄**：吕后时，诸吕掌权，吕后侄子吕产、吕禄分掌南北军。吕后死，陈平、周勃共诛吕，迎文帝即位。

[4] **盛**：盛况、盛状。

[5] **邓通**：汉文帝的宠臣，官至上大夫。

[6] **忤（wǔ）**：抵触，不顺从。

讲疏：

这一段再次以汉高祖刘邦为例，说明任用大臣即"属之大臣"的效果及重要性，这一做法的影响一直持续到了汉文帝、汉景帝时期。

景、武之后，此风衰矣。大臣用舍，仅如仆隶。武帝之老也，将立少主，知非大臣不可，乃委任[1]霍光[2]。霍光之权在诸臣右[3]，故能翊昭建宣[4]，天下莫敢异议。至于宣帝，虽明察有余，而性本忌克[5]，非张安世之谨畏，陈万年之顺从，鲜有能容者。恶杨恽、盖宽饶，害赵广汉、韩延寿[6]，悍然[7]无恻怛[8]之意。高才之士侧足而履其朝[9]。陵迟至于元、成[10]，朝无重臣，养成王氏之祸。故莽[11]以斗筲[12]之才，济之以欺罔，而士无一人敢指其非者。

注释：

[1] **委任**：托付、交托。

[2] **霍光**：西汉权臣，霍去病异母弟。曾受诏辅佐汉昭帝，后又迎立汉宣帝。

[3] **右**：上。古代以右为上。

[4] **翊（yì）昭建宣**：辅佐汉昭帝，（昭帝死后）又拥立汉宣帝。翊，通"翼"，辅佐、辅助、协助。建，立、拥立。

[5] **忌克**：猜忌、苛刻。克，通"刻"，苛刻的意思。

[6] **非张安世之谨畏，陈万年之顺从，鲜有能容者。恶杨恽、盖宽饶，害赵广汉、韩延寿**：张安世、陈万年、杨恽、盖宽饶、赵广汉、韩延寿，这几个人均为汉宣帝时期的大臣。其中张安世因谨慎而得以善终，并位列"麒麟阁十一功臣"之一；陈万年因善于奉承巴结、投机钻营而一生顺心；杨恽、赵广汉、韩延寿均被处死刑或极刑；盖宽饶却是愤而引刀自尽。

[7] **悍（hàn）然**：蛮横的样子。

[8] **恻（cè）怛（dá）**：哀伤、恻隐。

[9] **侧足而履其朝**：心怀恐惧地去上朝。侧足，两脚斜站着，不敢移动。形容非常恐惧。

[10] **陵迟至于元、成**：衰落的状况一直到了汉元帝、汉成帝时。陵迟，衰落、败坏、衰败。

[11] **莽**：王莽，汉平帝时为大司马，平帝死，立孺子婴为帝，王莽以摄政名义据天子之位。后废孺子婴，篡位称帝，改国号为新。

[12] **斗筲（shāo）**：指斗与筲。因斗和筲都是很小的容器，比喻气量狭小和才识短浅。

讲疏：

这一段说明景帝、武帝之后，这种任用大臣的做法衰落了。但在汉武帝年老时，他还是把年幼继位的汉昭帝托付给辅政大臣霍光，这就使得汉昭帝和汉宣帝时期政治平稳过渡。汉宣帝在政治上的"明察"造成大臣在上朝时心怀恐惧，到了汉元帝、汉成帝时期就导致了"朝无重臣，养成王氏之祸"的局面，作者再次申明任用大臣的好处和政治上"任察"的恶果。

光武之兴，虽文武之略足以鼓舞一世，而不知用人之长，以济其所不足，幸而子孙皆贤，权在人主，故其害不见[1]。及和帝[2]幼少，窦后[3]擅朝。窦宪[4]兄弟恣横[5]，杀都乡侯畅[6]于朝。事发，请击匈奴以自赎。及其成功，又欲立北单于以树恩固位。袁安[7]、任隗[8]皆以三公守义力争[9]，而不能胜，幸而宪以逆谋败。盖光武不任大臣之积[10]，其弊乃见于此。其后汉日以衰，及其诛阎显[11]，立顺帝[12]，功出于宦官；黜[13]清河王[14]，杀李固[15]，事成于外戚。大臣皆无所与。及其末流，梁冀[16]之害重，天下不能容，复假[17]宦官以去之。宦官之害极，天下不能堪，至召外兵以除之。外兵既入，而东汉之祚[18]尽矣。盖光武不任大臣之祸，势极于此。

注释：

[1] **见**：通"现"，显现、显露。下文"其弊乃见于此"同。

[2] **和帝**：汉和帝刘肇，东汉第四位皇帝，公元88—105年在位。

[3] **窦后**：章德窦皇后，汉章帝的皇后。汉和帝时，窦后临朝称制，纵容外戚，导致窦家外戚专权，后被汉和帝诛灭。

[4] **窦宪**：窦后的兄长。曾大败匈奴，被封为大将军，但此后骄横跋扈，甚至密谋造反，后被逼自杀。

[5] **恣横**：放纵专横。

[6] **都乡侯畅**：东汉光武帝刘秀的兄长刘縯的曾孙刘畅，被窦宪派刺客杀死。

[7] **袁安**：东汉名臣，官拜司空、司徒等，袁绍的四世祖。

[8] **任隗**（wěi）：东汉大臣，云台二十八将之一任光之子，曾任司空。常和司徒袁安齐心尽力，慎重公正，耿直发表意见，无所回避。

[9] **以三公守义力争**：以三公的身份遵守原则加以力争。三公，辅助国君掌握军政大权的最高官员。

[10] **积**：蕴积、聚积。

[11] **阎显**：东汉外戚大臣，汉安帝阎皇后的哥哥，汉安帝时执掌禁兵，干预朝政，后被宦官孙程等人诛杀。

[12] **顺帝**：汉顺帝，东汉第七位皇帝，汉安帝长子，公元125—144年在位。

[13] **黜**（chù）：废黜、罢免。

[14] **清河王**：指东汉清河孝王刘庆，东汉章帝之子。曾被立为太子，后因受窦太后的诬陷，被废为清河王。

[15] **李固**：公元94—147年，字子坚，汉中南郑（今陕西省汉中市南郑区）人。东汉政治家、文学家。为大将军梁冀所忌，后被诬免职，继而被杀害。

[16] **梁冀**：东汉外戚，汉顺帝皇后和汉桓帝皇后之兄。先后立冲、质、桓三帝，专断朝政近二十年。后被桓帝与中常侍单超等共谋诛灭。

[17] **假**：借用、利用。

[18] **祚**：帝位。

讲疏：

这一段继续论述光武帝的缺点在于"不知用人之长，以济其所不足"，以史实证明其积弊太深，最终在后世形成了朝无重臣、外戚宦官专权的局面，使东汉酿成灭亡之势。

夫人君不能皆贤，君有不能而属之大臣，朝廷之正[1]也。事出于正，则其成多，其败少。历观古今，大臣任事而祸至于不测者，必有故也。今畏忌大臣而使他人[2]得乘其隙，不在外戚，必在宦官。外戚、宦官更相[3]屠灭，至以外兵继之。呜呼，殆[4]哉！

注释：

[1] **正**：正当的做法和准则，合乎法度、规律或常情、标准。

[2] **他人**：指外戚、宦官、外兵等，因他们都不属于正式官僚系统，故称"他人"。

[3] **更相**：相继。更，交替、接续。

[4] **殆**：危险。

讲疏：

最后一段回应上文，总结全文，提出把国事"属之大臣"是"朝廷之正"的观点。本段关键字是"正"。作者还列出并比较了影响当时政治的四种力量，即大臣、外戚、宦官和外兵，而"大臣任事"才是"朝廷之正"，另外三种则被作者视为"乘其隙"的"他人"。这篇文章好似一部微型的两汉政治史。

参考译文：

人主的贤德，在于能鉴别人的品行、才能，缺点在于自己多才。识别人才而善于使用，就好像自己也具有人才的能力，即使想达到尧舜的境界也是可以的。自己具备很多才能且自以为是，即使手下有贤明能干的人，也无法实行他的措施，那样也只能自立而已。汉高帝谋划事务不如张良，指挥军队不如韩信，治理国家不如萧何，了解这三个人的才能而在使用时不怀疑，在西攻破了强大的秦朝，在东消灭了项羽，那时候没有可以跟他抗衡的。到天下已经平定的时候，行政上的事都让萧何管理，法律和政令讲究统一，人民安于自己的生活，天下于是因此而没有什么乱事。曹参又继续坚持这些政策，到陈平、周勃的时候结束，到文帝、景帝的时候，国家内外都很安定，这些景象都是高帝识别人才遗留下来的功劳啊！

东汉光武帝，文武才能兼备，击破王寻、王邑的军队，攻取赵、魏等地，以武力征服控制各路地方武装，谋划精密准确，从来没有失算过。考察一下光武帝在军事方面的成就，好像比汉高祖的表现还要好。然而，假如让光武帝刘秀处于汉高祖刘邦的时代，和项羽为敌，肯定有处理不好的地方。等到登上皇帝位后，鉴于王莽篡夺西汉皇权的祸患，即使在朝中设置了三公的职位，但并没有把重大事情的处理交付给他们。专设尚书这个职位，来督责朝廷的上下公文，认为能做到约束制裁臣民的奸诈行为就是有才能的。政治严明而且苛刻，臣下不能欺骗上级，当时号称治理得当。然而和自己志趣见解不同的人被排斥，不相信图谶的人被弃而不用，独自一个人承担治理天下的任务。而实际上他的聪明才智是无法显露出来的，才力不能胜任的地方还是很多的。到了汉明帝的时候，政治上的严明苛刻更加厉害。所以说，东汉的政治宽厚而和乐平易的风气远远赶不上西汉时期。贤明的士大夫虽然在朝廷中任职做事，但他们的志向抱负得不到实现。虽然号称政治清明，社会安定，这些也都是他们父子俩的才能和智慧所能达到的程度，君子并不推崇这样的做法。

汉高祖刘邦把关乎天下后世的权力都托付给了大臣。大臣也是尽心尽力地来回报他。所以对于吕氏的叛乱，陈平、周勃就能够尽力处置，诛杀了吕产、吕禄，迎立汉文帝，易如反掌。当时大臣权力和职责相称的盛况，流风余韵代代相承接。到了申屠嘉当丞相的时候，还能够做到把邓通叫来训斥一番，谋议要斩晁错，而汉文帝、汉景帝并不把这样的做法看作违逆犯上。可见汉高祖用人的做法，赋予这些人的权力和地位达到了这样的程度。

汉景帝、汉武帝即位之后，这样用人的风气就衰落了。大臣的任用与舍弃，不过只是像对待奴仆一样。到汉武帝年老的时候，将要册立年轻的君主，他知道这必须有大臣辅佐才行，于是就把这个任务托付给了霍光。霍光的权力在诸位大臣之上，所以他才能够辅佐汉昭帝、拥立汉宣帝，对此天下没有敢持反对意见的。到了汉宣帝的时候，虽然他对政事严明苛察，但他的本性猜忌刻薄，如果不是张安世能够谨小慎微，陈万年顺心从意，很少有能够被汉宣帝容纳的。汉宣帝对杨恽、盖宽饶极其憎恨，还杀了赵广汉、韩延寿，蛮横无理而且没有哀伤恻隐的心意。高才之士都心怀恐惧地去上朝。形势渐渐衰落，以致到了汉元帝、汉成帝时期，朝堂上没有能够身负国家重任的大臣，结果造成了外戚王氏的祸患。结果王莽以气量狭小、见识短浅的本性，再加上用欺骗蒙蔽来篡权，而朝中的士大夫没有一个人敢于站出来指出王莽的不臣之心。

光武帝的兴起，虽然他的文武兼备的才略，足以振兴一代人，但他不知道任用人才的优点，以弥补自己才智的不足之处。幸而儿子、孙子辈都还比较有贤德，权力掌握在君主手中，所以这些危害还没有显现出来。等到汉和帝年幼继位，窦太后独揽朝政。窦宪兄弟几人也都放纵专横，在朝堂中杀害都乡侯刘畅，事情被发觉后，窦宪请求出击匈奴来自我赎罪，等到他立了战功，他又想要册立北单于来树立恩威巩固他的地位。袁安、任隗都以三公的身份按照原则极力争辩窦宪的是非，但没有能达到目的，所幸后来窦宪因为图谋叛逆之罪而身败名裂。大概光武帝不信任大臣的积弊在这些事情上就充分显现出来了。后来汉朝廷日益衰落，等到诛杀阎显，拥立汉顺帝，功劳都出于宦官；废黜清河王刘庆，杀死李固，这些事情是由外戚完成的，朝中大臣都没有参与其中。到了东汉的末年，梁冀的危害已经很严重了，天下人都不能容忍了，汉桓帝又是借助宦官的力量才除掉他。宦官的危害到了极点，天下也不能忍受了，到了后来不得不征召外兵（地方上的军队）来除掉他们。外兵进来之后，东汉的国运也就结束了。光武帝不任用大臣带来祸患的形势发展到这时就达到了极点。

帝王不可能都是贤才，君主有做不到的地方，就把事情托付给手下大臣，这是朝廷应该有的正当的做法和准则。属于正义的事业，那成功的就多，失败的就少。遍观古往今来，大臣任职行事而导致不可预知的祸患，一定有它的缘故。现在却畏惧顾忌大臣而使别人得以利用这个机会钻了空子，不是被外戚乘机得利，就一定是被宦官乘机得利。外戚和宦官先后交替被杀尽摧毁，到了最后是外兵接续而来了。哎呀！这实在是太危险呀！

文史共读：《后汉书·光武帝纪》节选

初 [1]，帝在兵间久，厌武事，且知天下疲耗 [2]，思乐息肩 [3]。自陇、蜀平后，非儆急 [4]，未尝复言军旅。皇太子尝问攻战之事，帝曰："昔卫灵公问陈，孔子不对，此非尔所及。"每旦视朝，日仄 [5] 乃罢。数引 [6] 公卿、郎、将讲论经理 [7]，夜分 [8] 乃寐。皇太子见帝勤劳不息，承间 [9] 谏曰："陛下有禹、汤之明，而失黄、老 [10] 养性之福，愿颐爱 [11] 精神，优游自宁。"帝曰："我自乐此，不为疲也。"虽身济大业，兢兢如不及，故能明慎政体，总揽权纲，量时度力，举无过事。退功臣而进文吏 [12]，戢弓矢而散马牛 [13]，虽道未方 [14] 古，斯亦止戈之武 [15] 焉。

注释：

[1] **初**：当初、以前。

[2] **疲耗（hào）**：困顿耗损。耗，古同"耗"，消耗、耗尽。

[3] **息肩**：休养生息，让肩头得到休息。比喻卸除责任或免除劳役。这里指过上和平安定的生活。

[4] 儆（jǐng）急：紧急事件，多指军情。儆，通"警"。

[5] 日仄（zè）：日斜、日暮。

[6] 引：延请。

[7] 经理：经卷上的义理。

[8] 分：半。

[9] 承间：趁空隙。

[10] 黄、老：黄帝、老子。

[11] 颐爱：保养爱护。

[12] 退功臣而进文吏：这是光武帝加强中央集权的一项重要手段。光武帝给予功臣尊荣的政治地位和封地厚禄，但削去他们的实权，不用功臣执政，而是增加文职官员。退、进，减少和增加。

[13] 戢（jí）弓矢而散马牛：指光武帝偃武修文。戢弓矢，把兵器收藏起来，即停止武事。

[14] 方：等同、比拟。

[15] 止戈之武：武是止戈两个字合成的，所以要能止战，才是真正的武德精髓。

参考译文：

当初，光武帝长年驰骋沙场，对战争十分厌倦，也明白天下百姓疲于战事，国力不堪损耗，大家都很想卸去重担轻松一下，过上和平安定的生活。自从平定陇、蜀两地后，若非万分紧急之事，光武帝就不再滥用兵力。皇太子曾向他请教战争之事，光武帝说："过去卫灵公咨询布阵用兵的方法，孔子不作回答。这不是你应该考虑的。"光武帝每天早晨上朝，直到太阳西斜才退朝。常常召见公卿、郎官和将领讨论经典义理，直到深夜才睡觉。皇太子见皇帝勤劳不知疲倦，便趁着他闲暇的时候劝谏说："陛下您有夏禹商汤的贤德，却失去了黄帝和老子所倡导的修身养性之福气，希望您保养爱护好自己的精神体力，求得自身悠闲安宁。"光武帝答道："我自己乐于这样，不觉得疲倦。"他虽成就了光复汉朝的大业，却始终小心谨慎、兢兢业业，唯恐自己做得不够好，因此能够十分明察谨慎地处理政事，总揽权势朝纲，审时度势，决策也没有什么失误的地方，不用有功的武臣而任用文官，收藏起刀剑，遣散战马，虽治国方略不能与古代贤相媲美，却也践行了"止戈为武"的武德精髓。

学为基：曾巩论奋志自励

墨池记

宋·曾巩

　　本文是曾巩散文中的名篇，作于庆历八年（1048年），是他在临川时应州学教授王盛之请而作的。文中所记的墨池在江西省抚州市临川县，据说是东晋书法家王羲之洗笔砚处。相传王羲之在池边习字，池水尽黑。曾巩仰慕王羲之的盛名，专程来临川凭吊墨池遗迹。州学教授王盛请他为"晋王右军墨池"作记，于是曾巩根据王羲之的逸事，写下了此篇散文《墨池记》。这篇文章以"记"为名，重在说理，实际上是一篇叙议结合的说理文。文章通过对临川地方相传为王羲之学书法的墨池的记述，指出王羲之能成为大书法家是后天勤学苦练的结果；并进而从学习书法推及道德修养，从具体的书法家推及天下的"仁人庄士"，认为后之学者"欲深造道德"，则更须努力于学，从而深化了本文的勉励学习的主旨。文章围绕一件细小而感人的逸闻趣事展开，由小及大，小中见大，写得精练而富有意蕴，主旨一经点明，就戛然而止，给读者留下无尽的思索空间。

　　临川之城东，有地隐然而高，以临于溪，曰新城。新城之上，有池洼然而方以长，曰王羲之之墨池者，荀伯子《临川记》云也。羲之尝慕张芝，临池学书，池水尽黑，此为其故迹，岂信然邪？

方羲之之不可强以仕，而尝极东方，出沧海，以娱其意于山水之间，岂有徜徉肆恣，而又尝自休于此邪？羲之之书晚乃善，则其所能，盖亦以精力自致者，非天成也。然后世未有能及者，岂其学不如彼邪？则学固岂可以少哉？况欲深造道德者邪？

墨池之上，今为州学舍。教授王君盛恐其不章也，书"晋王右军墨池"之六字于楹间以揭之，又告于巩曰："愿有记。"推王君之心，岂爱人之善，虽一能不以废，而因以及乎其迹邪？其亦欲推其事以勉其学者邪？夫人之有一能，而使后人尚之如此，况仁人庄士之遗风余思，被于来世者何如哉！庆历八年九月十二日，曾巩记。

注释与讲疏：

临川[1]之城东，有地隐然而高[2]，以临[3]于溪，曰新城。新城之上，有池洼然[4]而方以长[5]，曰王羲之[6]之墨池[7]者，荀伯子[8]《临川记》云也。羲之尝[9]慕[10]张芝[11]，临池学书，池水尽黑，此为其故迹，岂信然[12]邪？

注释：

[1] **临川**：宋朝江南西路抚州治所，在今江西省抚州市。

[2] **隐然而高**：微微地高起。隐然，不显露的样子。

[3] **临**：靠近、临近。

[4] **洼然**：低且深的样子。

[5] **方以长**：方而长，就是长方形。

[6] **王羲之**：303—361年，字逸少，东晋书法家，官至右军将军、会稽内史，世称王右军。被誉为"书圣"。

[7] **墨池**：指王羲之墨池的遗迹。除临川外，传说浙江会稽、浙江永嘉、江西庐山、湖北蕲水等地也有墨池的遗迹。

[8] **荀伯子**：南朝宋人，曾任临川内史。所著《临川记》中有关于王羲之墨池的记述。

[9] **尝**：曾经。

[10] **慕**：仿效，因羡慕、敬仰而仿效其做法。

[11] **张芝**：东汉末年书法家，擅长草书，被称为"草圣"。《晋书·王羲之传》载，王羲之在给朋友的信中曾说"张芝临池学书，池水尽黑"，还说假使人们像张芝那样尽心于书法的话，未必赶不上他。

[12] **信然**：确实是这样。

讲疏：

这一段可以分为两层意思。作者先简要概括了墨池的处所、形状及其来历，其中用"有地隐然而高"和"有池洼然而方以长"分别形容地势的突起和水池的低深，宛如一位高明的画师，寥寥几笔就勾勒出墨池的俯瞰图，富于立体感。接下来，作者根据王羲之仰慕张芝的"临池学书，池水尽黑"的故事，指出墨池得名由来。

　　方 [1] 羲之之不可强以仕 [2]，而尝极东方 [3]，出沧海 [4]，以娱其意 [5] 于山水之间，岂有徜徉肆恣，而又尝自休于此邪 [6]？羲之之书 [7] 晚乃善 [8]，则其所能 [9]，盖 [10] 亦以精力自致 [11] 者，非天成也。然后世未有能及 [12] 者，岂其学不如彼邪 [13]？则学固岂可以少哉 [14]？况欲深造道德者邪？

注释：

[1] **方**：当……时。

[2] **强以仕**：勉强进入仕途做官。

[3] **极东方**：游遍东方（的名胜）。极，穷尽、游遍，一说至、到达。

[4] **出沧海**：出游东海。

[5] **娱其意**：使他的心情快乐。

[6] **岂有徜徉肆恣，而又尝自休于此邪**：莫非他在流连光景、纵情山水时，曾在这儿停留过？岂有，莫非。徜徉，徘徊、漫游。肆恣，自由

放纵，不受拘束。休，停留。

[7] **书**：书法。

[8] **晚乃善**：到晚年才特别好。

[9] **能**：擅长、善于。

[10] **盖**：大概，副词。

[11] **以精力自致**：靠自己的精神和毅力去努力达到的。致，达到、取得。

[12] **及**：赶上。

[13] **岂其学不如彼邪**：是不是他们学习时下的功夫不如王羲之呢？岂，是不是，表示揣测，副词。学，指勤学苦练。

[14] **则学固岂可以少哉**：那么学习的功夫难道可以少下吗？则，那么，连词。固，原来、本。岂，难道，表示反问，副词。

讲疏：

这一段以小题引出大义，可分为两层意思。第一层是写王羲之弃官返乡的经历，揭示了王羲之傲岸超群性格气质形成的根源，而这正是他清心寡欲、学成书法的深厚思想基础。第二层是论述其成功的原因。曾巩的议论分三个方面展开：一是王羲之非凡的书法才能是"以精力自致者，非天成也"，即靠自己的努力取得的，并非与生俱来；二是后人成就不如王羲之，是没有下如王羲之那样的功夫，言外之意，如果像王羲之一样努力，也能成家成圣；三是由学书法引申到道德修养，指出要想达到古人立德之不朽，"以精力自致"是必不可少的。这就充分证明了业精于勤的深刻道理。钻研技艺尚且如此，欲深造道德就尤需加倍刻苦努力了。这正是作者所要强调的中心论点所在。

墨池之上，今为州学舍 [1]。教授 [2] 王君盛恐其 [3] 不章 [4] 也，书"晋王右军墨池"之六字于楹间 [5] 以揭 [6] 之，又告于巩曰："愿有记。"推 [7] 王君之心，岂爱人之善，虽一能 [8] 不以废 [9]，而因以及乎其迹 [10] 邪？

其 [11] 亦欲推其事 [12] 以勉 [13] 其学者 [14] 邪？夫 [15] 人之有一能，而使后人尚之如此 [16]，况仁人庄士 [17] 之遗风余思 [18]，被于来世 [19] 者何如哉 [20]！庆历八年 [21] 九月十二日，曾巩记。

注释:

[1] **州学舍**：指抚州州学的校舍。

[2] **教授**：官名。宋朝在路学、府学、州学都置教授，主管学政和教育所属生员。

[3] **其**：指代墨池。

[4] **不章**：不为人们所知道。章，通"彰"，彰显。

[5] **楹（yíng）间**：指两柱子之间的上方挂匾额的地方。楹，指厅堂前部的柱子。

[6] **揭**：挂起、悬挂。

[7] **推**：推测、推究。

[8] **一能**：一技之长，指王羲之的书法。

[9] **不以废**：不让它埋没。

[10] **因以及乎其迹**：因此（将这种仰慕之心）推及此人的遗迹。迹，遗迹。

[11] **其**：转折连词，与后面的"其"字意义不同。

[12] **推其事**：推广王羲之勤学苦练的事迹。推，推广、推行。

[13] **勉**：努力、尽力。

[14] **学者**：求学的人。

[15] **夫**：语气词，放在句首，表示将要发议论。

[16] **尚之如此**：像这样尊重他。尚，崇尚、尊重。

[17] **仁人庄士**：指品德高尚、行为端庄的人。庄士，庄重严肃之士。

[18] **遗风余思**：遗留下来令人思慕的美好风范。余思，指后人的怀念。"余"和"遗"的意思相同。

[19] **被于来世**：对于后世的影响。被于，及于，引申为影响于。被，加于……之上，施及。

[20] **何如哉**：会怎么样呢？这里是"那就更不用说了"的意思。

[21] **庆历八年**：1048 年。庆历是宋仁宗（赵祯）的年号。

讲疏：

最后一段可分为三层意思。第一层交代写作缘由。第二层是在交代了写作缘由后，借"推王君之心"，提出"勉其学者"的写作目的。第三层是深化主题。谈书法是题中之义，而谈道德，谈"仁人庄士之遗风"永垂后世，则属题外之义。作者由王羲之擅长书法的技艺，推及"仁人庄士"的教养与德行，勖勉后学不仅仅要擅长"一能"，更要砥砺道德修养。此处与前述"深造道德"论遥相呼应，再次深化了主题，强调力追前贤，以"仁人庄士"为楷模，做个品学兼优之士。

参考译文：

临川郡城的东面，有一块地微微高起，并且靠近溪流，叫作新城。新城上面，有个池子低洼呈长方形，说是王羲之的墨池，这是荀伯子《临川记》里说的。王羲之曾经因仰慕张芝而仿效其做法，在池边学习书法，以池水洗笔，池水全都变黑了。现在说这是王羲之的墨池遗址，难道是真的吗？

当羲之不愿勉强做官时，曾经游遍东方的名胜，出游东海，在山水之间使自己的心情快乐。莫非他在流连光景、纵情山水时，曾在这里停留过？羲之的书法到晚年才特别好，那么他能达到这地步，大概也是靠他自己的精神和毅力取得的，并不是天生的。但是后代没有能够赶上他的人，是不是后人学习下的功夫不如他呢？那么学习的功夫难道可以少下吗？何况是想在道德修养上深造的人呢？

墨池的旁边，现在是抚州州学的校舍，教授王盛先生担心墨池不能出名，写了"晋王右军墨池"六个字挂在屋前两柱之间，又请求我说：

"请您写一篇墨池记。"我推测王先生的想法，是不是喜爱别人的优点，即使是一技之长也不让它埋没，并因此将这种仰慕之心推及此人的遗迹呢？莫不是也想推广王羲之的事迹来勉励那些学员吧？一个人有一技之长，就能使后人像这样尊重他；何况那些品德高尚、行为端庄的人遗留下来的令人思慕的美好风范，对于后世的影响那就更不用说了！庆历八年九月十二日，曾巩作记。

文史共读：《晋书·王羲之传》节选

王羲之，字逸少，司徒导之从子[1]也。祖正，尚书郎。父旷，淮南太守。元帝之过江也，旷首创其议。羲之幼讷[2]于言，人未之奇。年十三，尝谒[3]周顗[4]，顗察而异之。时重牛心炙[5]，坐客未啖[6]，顗先割啖羲之，于是始知名。及长，辩赡[7]，以骨鲠[8]称，尤善隶书，为古今之冠，论者称其笔势，以为飘若浮云，矫若惊龙。深为从伯[9]敦、导所器重。时陈留[10]阮裕有重名，为敦主簿[11]。敦尝谓羲之曰："汝是吾家佳子弟，当不减阮主簿。"裕亦目羲之与王承、王悦为王氏三少。时太尉郗鉴[12]使门生求女婿于导，导令就东厢遍观子弟。门生归，谓鉴曰："王氏诸少并佳，然闻信至，咸自矜持。惟一人在东床坦腹[13]食，独若不闻。"鉴曰："正此佳婿邪！"访[14]之，乃羲之也，遂以女妻[15]之。

注释：

[1] **从子**：侄子。此处王羲之为王导的堂侄子。

[2] **讷**（nè）：言语迟钝，不善讲话。

[3] **谒**：进见、拜见。

[4] **周顗**（yǐ）：晋朝大臣、名士，汝南郡安成县（今河南省汝南县）人。

[5] **牛心炙**（zhì）：烤牛心，是上等食品。周顗看到年幼的王羲之，

感觉是位人才，日后大有前途，于是特别照顾，先切割一块牛心给羲之，再和众客共食之。后来就以此作为招待贵客品食的典故。

[6] 啖（dàn）：吃。

[7] 辩赡（shàn）：雄辩，说话条理清楚，理由充足。赡，丰富、充足。

[8] 骨鲠（gěng）：指刚直、耿直之气。

[9] 从伯：指父亲的堂兄，相当于现在的堂伯。

[10] 陈留：古郡名，在今河南省开封市陈留镇。

[11] 主簿：古代官名，是各级主官属下掌管文书的佐史。

[12] 郗（xī）鉴：东晋重臣、书法家，高平郡金乡县（今山东省济宁市金乡县）人。

[13] 坦（tǎn）腹：敞开胸腹坐卧，形容举止不羁。坦，敞开、显露。后即以"坦腹东床"的"东床"指女婿。

[14] 访：探询、探访。

[15] 妻（qì）：把女子嫁给（某人）。

参考译文：

王羲之，字逸少，是司徒王导的堂侄子。他的祖父叫王正，担任尚书郎一职。父亲王旷，做过淮南太守。元帝过江是王旷最先提出的建议。王羲之小时候说话木讷，人们不觉得他有什么奇异之处。王羲之十三岁那年，曾去拜见周顗，周顗仔细观察后，认为他很奇特，与众不同。当时很流行吃牛心炙，座中客人都还没开始吃，周顗就割了先给王羲之吃，于是王羲之的声名开始为世人所知。王羲之长大后，擅长辩论，并且以性情耿直著称，特别善于写隶书，为古今第一，评论者称赞他的笔势，认为像浮云一样飘忽不定，像惊龙一样矫健有力。王羲之很受堂伯父王敦、王导的器重。当时陈留人阮裕也很有名，是王敦的主簿。王敦曾对王羲之说："你是我们家才德出众的后辈，将来不比阮主簿差。"阮裕也称王羲之与王承、王悦为王氏三少。当时，太尉郗鉴派门生来见王导，想在王家子弟中选位女婿。王导让来人到东边厢房里去看王家子弟。门生回去后，对郗鉴说："王氏子弟都很好，可是听到这个消息，都显得拘谨不自然，只有一个人坐在东床上，袒露着肚子吃饭，只有他好像不知道这个事情一样。"郗鉴说："这正是我要选的好女婿！"一打听得知他就是王羲之，郗鉴于是就把女儿嫁给了他。

学舍记

宋·曾巩

曾巩的这篇《学舍记》写于宋仁宗至和元年（1054 年），作者当时三十六岁，还没有科举登第。这是一篇带有自传性质的文章，又表明了作者的喜好与志向，即"历道其少长出处，与夫好慕之心"。作者写自己尽管体弱多病、家事多艰，仍好学不辍，不忘努力提升自己的道德与学养，不忘自己的理想和追求。他以草舍作学舍，以期通过苦学，实现"追古今之作者为并"的大志。作者在文中将自传与述志两部分有机地结合起来，两部分之间转折自然、文气贯通。尤其是自传部分连用六次"此予之所……也"的句法，高度概括了作者的人生经历，不仅饱含激情，还使文章显得缜密而有气势，表现出作者高度的叙事艺术。

本文既是一篇求学记，又是曾巩前半生的一篇自传，是他在人生逆境中贫贱不移、奋发向上的宣言书，凸显了他在父亲去世以后艰难困苦的经历和乐观向上、不甘沉沦的抗争精神。

予幼则从先生受书，然是时，方乐与家人童子嬉戏上下，未知好也。十六七时，窥六经之言与古今文章，有过人者，知好之，则于是锐意欲与之并。而是时，家事亦滋出。

自斯以来，西北则行陈、蔡、谯、苦、睢、汴、淮、泗，出于京师；东方则绝江舟漕河之渠，逾五湖，并封、禺、会稽之山，出于东海上；南方则载大江，临夏口而望洞庭，转彭蠡，上庾岭，繇浈阳之泷，至南海上。此予之所涉世而奔走也。蛟鱼汹涌湍石之川，巅崖莽林貙虺之聚，与夫雨旸寒燠、风波雾毒不测之危，此予之所单游远寓，而冒犯以勤也。衣食药物，庐舍器用，箕筥碎细之间，此予之所经营以养也。天倾地坏，殊州独哭，数千里之远，抱丧而南，积时之劳，乃毕大事，此予之所遭祸而忧艰也。太夫人所志，与夫弟婚妹嫁，四时之祠，属人外亲之问，王事之输，此予之所皇皇而不足也。予于是力疲意耗，而又多疾，言之所序，盖其一二之粗也。得其闲时，挟书以学，于夫为身治人，世用之损益，考观讲解，有不能至者。故不得专力尽思，琢雕文章，以载私心难见之情，而追古今之作者为并，以足予之所好慕，此予之所自视而嗟也。

今天子至和之初，予之侵扰多事故益甚，予之力无以为，乃休于家，而即其旁之草舍以学。或疾其卑，或议其隘者，予顾而笑曰："是予之宜也。予之劳心困形，以役于事者，有以为之矣。予之卑巷穷庐，冗衣砻饭，芑苋之羹，隐约而安者，固予之所以遂其志而有待也。予之疾则有之，可以进于道者，学之有不至。至于文章，平生所好慕，为之有不暇也。若夫土坚木好高大之观，固世之聪明豪隽挟长而有恃者所得为，若予之拙，岂能易而志彼哉？"遂历道其少长出处，与夫好慕之心，以为《学舍记》。

注释与讲疏：

予幼则从先生[1]受书，然是时，方乐与家人童子嬉戏上下，未知好[2]也。十六七时，窥[3]六经[4]之言与古今文章，有过人者，知好之，则于是锐意[5]欲与之并[6]。而是时，家事亦滋出[7]。

注释：

[1]先生：指其父曾易占。易占，字不疑，天圣二年（1024年）进士，

官至知信州，著有《时议》十卷。

[2] 好：好处，此处指读书的好处。

[3] 窥：浏览、观看。

[4] 六经：指《诗》《书》《礼》《易》《春秋》《乐》六部儒家经典。

[5] 锐意：指勇于进取，意志坚决专一。

[6] 并：比肩。

[7] 滋出：层出不穷。滋，增多。

讲疏：

文章起句开门见山，从幼年"受书"但"未知好"点明幼时顽童觉悟迟的事实，到十六七岁时才"知好之"；最后一句"而是时，家事亦滋出"承上启下，既总结了作者幼时"受书"启蒙之不聪，又顺势引出下文的"自斯以来"。

自斯以来，西北则行[1]陈[2]、蔡[3]、谯[4]、苦[5]、睢[6]、汴[7]、淮[8]、泗[9]，出于京师[10]；东方则绝江[11]舟[12]漕河之渠[13]，逾五湖[14]，并[15]封、禺[16]、会稽之山[17]，出于东海上；南方则载大江[18]，临[19]夏口[20]而望洞庭[21]，转彭蠡[22]，上庾岭[23]，由浈阳之泷[24]，至南海上。此予之所涉世[25]而奔走也。蛟鱼[26]汹涌湍石[27]之川，巅崖莽林[28]貙[29]貀[30]之聚[31]，与夫雨旸[32]寒燠[33]、风波雾毒不测之危[34]，此予之所单游远寓[35]，而冒犯[36]以勤[37]也。衣食药物，庐舍器用，箕[38]筥[39]碎细之间，此予之所经营以养也。天倾地坏[40]，殊州[41]独哭，数千里之远，抱丧而南，积时之劳，乃毕大事[42]，此予之所遭祸[43]而忧艰[44]也。太夫人所志[45]，与夫弟婚妹嫁，四时之祠[46]，属人[47]外亲[48]之问[49]，王事之输[50]，此予之所皇皇[51]而不足[52]也。予于是力疲意耗，而又多疾，言之所序，盖其一二之粗也[53]。得其闲时，挟书[54]以学，于夫为身治人[55]，世用之损益[56]，考观讲解[57]，有不能至者。故不得专力尽思，琢雕[58]文章，以载[59]私心难见[60]之情，而追古今之作者为并，以足[61]

予之所好 [62] 慕 [63]，此予之所自视而嗟 [64] 也。

注释：

[1] **行**：漫游、旅行。

[2] **陈**：州名，为春秋时陈国故地，治所在今河南省周口市淮阳区。

[3] **蔡**：州名，为春秋时蔡国故地，治所在今河南省驻马店市汝南县。

[4] **谯（qiáo）**：县名，在今安徽省亳州市。

[5] **苦**：古县名，宋代为卫真县，在今河南省周口市鹿邑县东。

[6] **睢（suī）**：水名，故道自今河南杞县东流至江苏，入泗水。

[7] **汴（biàn）**：水名，在河南境内，南流入淮。

[8] **淮（huái）**：水名，由河南经安徽、江苏入海。

[9] **泗（sì）**：水名，由山东经江苏入淮。

[10] **出于京师**：到达京城。出，来到（某个处所、场合）。

[11] **绝江**：横渡长江。绝，横渡、穿过。

[12] **舟**：作动词用，航行，乘舟泛水。

[13] **漕河之渠**：指运河。漕（cáo）河，漕运的河道。漕，指用船运粮及其他物资。

[14] **五湖**：五湖有多种说法，此指太湖。

[15] **并（bàng）**：通"傍"，挨着。

[16] **封、禺（yú）**：二山名，在今浙江省湖州市德清县。

[17] **会（kuài）稽（jī）之山**：即会稽山，在今浙江省绍兴市。

[18] **载大江**：乘船沿长江而上。载，指乘船。大江，指长江。

[19] **临**：抵达。

[20] **夏口**：汉水注入长江处，即今湖北省武汉市汉口。

[21] **洞庭**：湖名，在今湖南省北部，长江南岸。

[22] **彭蠡（lí）**：湖名，即今江西鄱阳湖，在江西北部，为赣江、修

水，鄱江、信江等河的总汇。

[23] **庾（yǔ）岭**：又叫大庾岭、梅岭等，五岭之一，是南北交通要道。在今江西、广东交界处。

[24] **由浈（zhēn）阳之泷（shuāng）**：从浈阳到泷水县。浈阳，古县名，在今广东省英德市东。之，到，往。泷，即泷水县，故城在今广东省罗定市。

[25] **涉世**：步入社会，经历世事。

[26] **蛟鱼**：传说中龙一类的动物，能发大水。这里用蛟鱼比喻水的波涛汹涌。

[27] **湍石**：急流转动石头。

[28] **莽林**：泛指草木密集连绵而不易通过的森林，即密林。莽，茂密、盛多。

[29] **貙（chū）**：古书上所说一种大如狗、花纹似狸的兽，此处泛指猛兽。

[30] **虺（huǐ）**：毒蛇。

[31] **聚**：指聚集的地方。

[32] **雨旸（yáng）**：指雨淋日晒。旸，晴天。

[33] **寒燠（yù）**：冷热，指严寒酷暑。燠，热、暖。

[34] **不测之危**：难以预料的危险。

[35] **单游远寓**：只身外出，寄居远方。

[36] **冒犯**：遭遇，这里是冲风冒雨、遭遇风险的意思。

[37] **勤**：劳苦、愁苦。

[38] **箕（jī）**：扬米去糠的器具。

[39] **筥（jǔ）**：圆形的竹筐。

[40] **天倾地坏**：比喻大变故，这里指父亲亡故。

[41] **殊州**：指他乡、异乡。殊，异。

[42] **大事**：指治父丧事。

[43] **遘（gòu）祸**：遭遇祸患。

[44] **忧艰**：指父母之丧。

[45] **太夫人所志**：指母亲所抱有的让孩子都成才的希望与志向。太夫人，指母亲。曾巩生母吴氏早已亡故，此当指继母朱氏。志，愿望、志向。

[46] **四时之祠**：一年四季的祭礼。

[47] **属人**：本族之人。

[48] **外亲**：母、妻、姑、姐之系等亲戚。

[49] **问**：指亲属间平日问候及往来庆吊等活动。

[50] **王事之输**：指向国家缴纳赋税等事。

[51] **皇皇**：同"惶惶"，心里不安的样子。

[52] **不足**：力有不支。

[53] **言之所序，盖其一二之粗也**：上边所说的，还仅仅是诸事当中的十分之一二。序，通"叙"，叙述。粗，简略、大略。

[54] **挟书**：私人藏书。

[55] **为身治人**：儒家提倡的修身、齐家、治国、平天下。为身，指修身，即加强自身的修养。治人，指齐家、治国、平天下，是兼济天下的行为。

[56] **世用之损益**：指经世致用的得失、兴革、增减等。

[57] **考观讲解**：指考究观察、讨论分析。考、观，考察、观察。讲、解，讲解、解释。

[58] **琢雕**：雕琢、修饰，此处指琢磨、打磨文字。

[59] **载**：承载、承担，此处引申为记载、表达。

[60] **难见**：难以表现。

[61] **足**：满足。

[62] **好（hào）**：喜爱、爱好。

[63] **慕**：羡慕、敬仰。

[64] 嗟（jiē）：叹词，表示感慨叹息。

讲疏：

这一大段是对上一段的扩展，作者按照其行踪的几个方向"西北""东方""南方"，列举了他为家境生计四处奔波的情境，读者可从文中罗列的多处地点看到作者的辛劳之态，然后作者用一句"此予之所涉世而奔走也"收住了上文。接着作者以四组"此予之所……也"长句形象地描述了自己长期所遭受的困厄苦难。作者被烦琐、沉重的家事、杂事所纠缠、困扰，这些事带来了以下的后果，即"故不得专力尽思，琢雕文章，以载私心难见之情，而追古今之作者为并，以足予之所好慕"。在最后一句中，作者巧用关联词语，使得文气贯畅，而作者心中的自责、自谦、自强之情跃然纸上。

今天子至和 [1] 之初，予之侵扰多事故益甚，予之力无以为，乃休于家，而即 [2] 其旁之草舍以学。或疾其卑，或议其隘者 [3]，予顾而笑曰："是予之宜也。予之劳心困形，以役于事 [4] 者，有以为之矣。予之卑巷穷庐 [5]，冗衣砻饭 [6]，芑苋之羹 [7]，隐约而安 [8] 者，固予之所以遂其志 [9] 而有待也。予之疾 [10] 则有之，可以进于道者，学之有不至。至于文章，平生所好慕，为之有不暇也。若夫土坚木好 [11] 高大之观 [12]，固世之聪明豪隽挟长而有恃者 [13] 所得为，若予之拙，岂能易而志彼哉？"遂历道 [14] 其少长出处 [15]，与夫好慕之心，以为《学舍记》。

注释：

[1] **至和：**宋仁宗赵祯的年号（1054—1056 年）。

[2] **即：**到、至。

[3] **或疾其卑，或议其隘（ài）者：**有人担忧这屋子太矮小，也有人认为它太狭窄。疾，忧虑、担忧。卑，本义是地势低，此处引申为矮小。议，评论、议论、发表言论。隘，狭窄。

[4] **役于事：**为家事劳碌奔走。据《南轩记》载，曾巩对自己早年因

家计艰难不能静坐读书深以为憾。役，驱使。

[5] **卑巷穷庐**：陋巷卑室。

[6] **冗（rǒng）衣砻（lóng）饭**：粗衣粗食。冗衣，粗劣的衣服。冗，凡庸、低劣。砻饭，粗粝的饭食。砻，用来脱去稻谷壳的农具。

[7] **芑（qǐ）苋（xiàn）之羹**：野菜煮就的汤。芑，一种类似苦菜的野菜。苋，苋菜，一种嫩苗可食用的蔬菜。

[8] **隐约而安**：处于穷困的境地而心安。隐约，穷困，俭约。

[9] **遂其志**：实现我的志向。遂，成功、符合。

[10] **疾**：忧虑、痛苦。

[11] **土坚木好**：墙壁坚固，木材精良，这里指坚固华美的房子。

[12] **观**：楼台。

[13] **豪隽（jùn）挟长而有恃者**：指那些聪明豪俊、有优越条件和强大势力可以依靠的人。豪，卓越的、杰出的人。隽，通"俊"，才智出众的人。挟长，倚仗自己的长处。恃，倚仗、凭借。

[14] **历道**：依次说出。历，历数，依次列出。

[15] **出处**：指在仕途上的进退去就。出，出仕。处，退隐。

讲疏：

最后一段叙述了《学舍记》的写作缘由，为了摆脱越来越繁多的事务，作者"乃休于家，而即其旁之草舍以学"，有人"疾其卑""议其隘"，作者笑而作答，充分表现了他笃于志向、奋发努力的精神，还说"是予之宜也"，意志从容而坚定。原来他"劳心困形，以役于事者"，是要有所作为。他之所以甘于居住"卑巷穷庐"、穿"冗衣"、吃"砻饭"、喝"芑苋之羹"，是因为要"遂其志而有待也"，这也是全篇的宗旨所在。他坚定地表示自己将矢志不渝地奋发努力，他绝不羡慕那些"聪明豪隽"之士所喜好的"土坚木好高大之观"。最后以"以为《学舍记》"点题收尾。

参考译文：

我小的时候便跟着先生读书。但是，那个时候正是与家族同龄孩子玩耍的年龄，并没有真正懂得读书的好处。等到十六七岁时，看到了六经中的言语及古今文章中有超越常人见识的地方，才知道心中非常喜欢读书，于是立下志向、勇于进取，希望能与古今作家并驾齐驱。然而这时候，家中不幸的事也就连续发生了。

从那以后，在西北方向，我到过陈州、蔡州、谯县、苦县等地，睢水、汴水、淮水、泗水流域，到达京城。在东方，我渡过长江，放舟运河，越过五湖，沿着封山、禹山、会稽山，到达东海边。在南方，我乘船沿长江而上，抵达夏口，远望洞庭湖，再转向彭蠡泽，登上大庾岭，由浈阳到泷水，直达南海之滨。这便是我步入社会，四处奔走所经历的情形。那蛟鱼出没、波涛汹涌、激流转石的大河，那高峻的山岩、莽莽的林野，以及猛兽毒蛇聚居之地，加上雨淋日晒、严寒酷暑，江河中的风波和浓雾瘴毒，到处是难以预料的危险境地，这便是我只身远游、寄寓不定所经历的种种困苦。所穿的衣服，所吃的食物、药品，房屋用具，以及簸箕筬筐之类琐碎的小事，都是我必须操办而用以养亲活口的。天降灾祸，父亲忽然病故，一下子仿佛天倾地裂，在他乡独自痛哭，从数千里之外，运着父亲的灵柩南归，又经过多时的操劳，才完成安葬的大事，这就是我遭遇家祸而丧父的情形。太夫人让孩子都成才的希望和志向，以及弟弟结婚、妹妹出嫁、四季的祭祀、内外亲属的平日问候及往来庆吊、向官府缴租纳税，这些都是我整天忙忙碌碌，还不能办理周到的事情。我因此被弄得筋疲力尽、心思耗损，况且身体多病，上面所叙述的，只不过是其中一两点大略情况。得到一点空闲时间，便将随身携带的书拿出来学习，对于如何修身治民，对社会现存的一切何者当增、何者当损，都加以考究观察、讨论分析，但在好些方面我也不能彻底弄明白。因此，就不能够专心致志、竭尽思虑来打磨文章，用以表达个人心中难于表现的情志，从而追慕古今的作家，取得可与他们相比的成绩，以满足我的爱好和仰慕之情，这就是我回头审视自己而感到遗憾的地方。

当今皇帝至和初年，我所受到的干扰和事情就更多了，我一个人的力量实在无法应付了，于是只好在家休息，到家旁的草屋里读书。有人担忧这屋子太矮小，也有人认为它太狭窄，我看了看笑着说："这对我来说是很适合的了。我多年心神操劳、身体困乏，而为家事役使奔走，是想有所作为。我居住小巷陋室，破衣粗食，吃野菜汤，虽穷困而仍然安心，本来就是想实现自己的志向而等待着机会。我所痛心的事倒也是有的，那就是本来可以在学习圣贤之道上有所长进，可是学问往往还达不到。至于文章之事，是我平生的爱好和向往，倒是常常写作而没有空闲过。至于那建筑坚固、木材美好、高大壮观的房舍，本是世上那些聪明豪俊、有优越条件和强大势力可以依靠的人才能修建得起的，像我这样愚拙的人，怎么能改换了自己的志趣，转而去追求那些呢？"于是我一一叙述了自己从少小到成年的经历，以及个人的爱好和向往之心，写成这篇《学舍记》。

文史共读：《宋史·曾巩传》

　　曾巩字子固，建昌南丰[1]人。生而警敏[2]，读书数百言，脱口辄诵。年十二，试作《六论》，援笔而成，辞甚伟[3]。甫[4]冠，名闻四方，欧阳修见其文，奇之。

注释：

[1] **建昌南丰**：宋代建昌军郡南丰县，今江西省抚州市南丰县。

[2] **警敏**：机警敏捷。

[3] **伟**：壮美。

[4] **甫（fǔ）**：刚刚、开始。

中嘉祐二年[1]进士第[2]。调太平州司法参军，召编校史馆书籍，迁馆阁校勘、集贤校理，为实录检讨官。出通判[3]越州，州旧取酒场钱给募[4]牙前，钱不足，赋诸乡户，期七年止；期尽，募者志[5]于多入，犹责赋如初。巩访得其状，立罢之。岁饥，度常平不足赡[6]，而田野之民，不能皆至城邑。谕[7]告属县，讽[8]富人自实粟，总十五万石。视常平价稍增以予民。民得从便受粟，不出田里，而食有余。又贷之种粮，使随秋赋以偿[9]，农事不乏[10]。

注释：

[1] **嘉祐二年**：1057年。嘉祐，宋仁宗年号，指1056—1063年。

[2] **进士第**：指科举时代，通过考试成为进士的考生所获得的功名等级。

[3] **通判**：古代官名。北宋时，通判与知州同领州事，职掌兵民、钱谷、户口、赋役、狱讼审理等事务。各州公文，知州要与通判一起签押才能生效。

[4] **募**：招募、征召。

[5] **志**：意想。

[6] **度常平不足赡（shàn）**：估计常平仓的粮食不够用来供给。度，揣度、推算。常平，官仓名。赡，供给、供养。

[7] **谕**：告诉、晓谕，上对下的文告。

[8] **讽**：用委婉的话劝谏或建议。

[9] **偿**：赔偿、偿还。

[10] **乏**：荒废、耽误。

知齐州[1]，其治以疾奸急盗为本。曲堤周氏拥赀[2]雄里中，子高横纵，贼[3]良民，污妇女，服器上僭[4]，力能动权豪，州县吏莫敢诘[5]，巩取置于法。章丘民聚党村落间，号"霸王社"，椎剽夺囚[6]，无不如志。巩配[7]三十一人，又属[8]民为保伍[9]，使几察[10]其出入，有盗则鸣鼓相援，每发辄得盗。有葛友者，名在捕中，一日，自出首。巩饮食冠裳之，假[11]以骑从，辇[12]所购金帛[13]随之，夸[14]徇[15]四境。盗闻，多出自首。巩外视章显，实欲携贰其徒，使之不能复合也。自是外户不闭。

注释：

[1] **知齐州**：担任齐州知州，主管齐州的军事、民政等事。宋代以朝臣充任各州长官称"权知某军州事"，简称知州。知，主持、执掌。

[2] **赀**（zī）：同"资"，资财、钱财。

[3] **贼**：杀害。

[4] **服器上僭**（jiàn）：指越位冒用高于自己身份的名义、礼仪或器物等。

[5] **诘**（jié）：追究、查办。

[6] **椎**（chuí）**剽**（piāo）**夺囚**：杀人劫财，劫夺囚徒。椎，椎击、打击。剽，劫掠、抢劫。囚，囚犯。

[7] **配**：调配。

[8] **属**（zhǔ）：使聚集在一起。

[9] **保伍**：古代百姓五家为伍，又立保相互监督。此处泛指基层户籍制度。

[10] **几察**：稽查、检查。几，查问。

[11] **假**：借。

[12] **辇**：指用人拉或推车。

[13] **金帛**：金钱和布帛，泛指财物。

[14] **夸**：炫耀。

[15] **徇**：巡行示众。

河北发民浚[1]河，调及它路[2]，齐当给夫二万。县初按籍三丁出夫一，巩括其隐漏，至于九而取一，省费数倍。又弛[3]无名渡钱，为桥以济往来。徙传舍，自长清抵博州，以达于魏，凡省六驿[4]，人皆以为利。

注释：

[1] **浚**：疏通、挖深。

[2] **路**：宋代行政区划名，相当于明清时期的省。

[3] **弛**：废除、解除。

[4] **驿**：驿站。

徙襄州、洪州[1]。会江西岁大疫[2]，巩命县镇亭传[3]，悉储药待求，军民不能自养者，来食息官舍，资其食饮衣衾之具，分医视诊，书其全失、多寡为殿最[4]。师征安南[5]，所过州为万人备。他吏暴诛亟敛，民不堪。巩先期区处[6]猝[7]集，师去，市里不知。加直龙图阁[8]、知福州。

注释：

[1] **徙襄州、洪州**：调任襄州、洪州知州。徙，调任、调职。襄州，治所在今湖北省襄阳市。洪州，治所在今江西省南昌市。

[2] **疫**：瘟疫，流行性传染病。

[3] **县镇亭传**：泛指官府下辖的各种基层机构。镇，市镇、集镇。亭，原指在道旁设置的供行人食宿的馆舍，后来成为基层行政单位。传，指官府设立的驿站、驿舍。

[4] **殿最**：指等级的高低上下。

[5] **安南**：今越南一带。

[6] **区处**：处理，筹划安排。

[7] **猝（cù）**：突然、紧急。

[8] **加直龙图阁**：加官在龙图阁当值。直，当值、值班。龙图阁，最初是宋代的一个皇家图书馆，始建于公元1001年，主要收藏书籍、皇家档案、书画作品等。

南剑将乐盗廖恩既赦罪出降，余众溃复合，阴相结附，旁连数州，尤桀者呼之不至，居人慑[1]恐。巩以计罗致[2]之，继自归者二百辈。福多佛寺，僧利其富饶，争欲为主守，赇[3]请公行。巩俾[4]其徒相推择，识诸籍，以次补之。授帖于府庭，却其私谢，以绝左右徼求之弊。福州无职田[5]，岁鬻园蔬收其直[6]，自入常三四十万。巩曰："太守与民争利，可乎？"罢之。后至者亦不复取也。

注释：

[1] **慑**（shè）：恐惧、丧气。

[2] **罗致**：本义是以网捕鸟，此处是抓获。罗，招致、收罗。

[3] **赇**（qiú）：贿赂。

[4] **俾**（bǐ）：使。

[5] **职田**：也称职分田，是古代按品级授予官吏作俸禄的公田。

[6] **直**：通"值"。

徙明、亳、沧三州。巩负才名，久外徙，世颇谓偃蹇不偶[1]。一时后生辈锋出，巩视之泊如[2]也。过阙[3]，神宗召见，劳问[4]甚宠[5]，遂留判[6]三班院[7]。上疏议经费，帝曰："巩以节用为理财之要，世之言理财者，未有及此。"帝以三朝、两朝国史各自为书，将合而为一，加巩史馆修撰，专典[8]之，不以大臣监总[9]，既而不克成[10]。会官制行，拜中书舍人。时自三省百职事，选授一新，除书[11]日至十数，人人举其职，于训辞典约而尽[12]。寻掌延安郡王牋奏[13]。故事命翰林学士，至是特属之。甫数月，丁母艰去。又数月而卒，年六十五。

注释：

[1] **偃**（yǎn）**蹇**（jiǎn）**不偶**：命运不济。偃蹇，困顿、窘迫。偶，

值、遇。

[2] **泊如**：安静、恬淡的样子，淡泊、释然的心态。

[3] **阙（quē）**：此处代指朝廷。

[4] **劳问**：慰劳、慰问。

[5] **宠**：尊贵、尊崇。

[6] **判**：唐宋官制，以高官兼任低职称判。

[7] **三班院**：宋官署名，北宋前期特有的人事管理机构。

[8] **典**：掌管、主持。

[9] **监总**：监督统管。

[10] **既而不克成**：不久之后还没到限定的时间就完成了。既而，连词，表示上文所发生的情况或工作后不久。克，约定、限定日期。

[11] **除书**：拜官授职的文书。

[12] **于训辞典约而尽**：在训辞上典雅简约而且完备。典，典雅。约，简约、简要。尽，完备、详尽。

[13] **寻掌延安郡王牋（jiān）奏**：不久又掌管延安郡王上呈皇帝的表奏。寻，随即、不久。延安郡王，即宋神宗之子，原名赵佣，元丰八年（公元1085年），赵佣被册立为太子，赐名赵煦，三月即位，即宋哲宗。牋奏，古代文书的一种，属章奏一类。牋，同"笺"。

巩性孝友，父亡，奉继母益至，抚四弟、九妹于委废单弱之中，宦学昏嫁，一出其力[1]。为文章，上下驰骋，愈出而愈工[2]，本原"六经"，斟酌[3]于司马迁、韩愈，一时工[4]作文词者，鲜能过也。少与王安石游[5]，安石声誉未振[6]，巩导[7]之于欧阳修，及安石得志，遂与之异。神宗尝问："安石何如人？"对曰："安石文学行义[8]，不减扬雄[9]，以吝[10]故不及。"帝曰："安石轻富贵，何吝也？"曰："臣所谓吝者，谓其勇于有为，吝于改过耳。"帝然之。吕公著[11]尝告神宗，以巩为人行义不如政事，政事不如文章，故不大用云。……

注释：

[1] **巩性孝友，父亡，奉继母益至，抚四弟、九妹于委废单弱之中，宦学昏嫁，一出其力**：曾巩品性孝顺父母，与兄弟友爱，父亲逝世后，侍奉继母更加无微不至，在家境衰败、无所依靠的情况下，抚育了四个弟弟、九个妹妹，他们的读书、出仕和婚嫁，都是他一手出力操办的。奉，侍奉。抚，抚育、养育。委废单弱，家境衰败，无所依靠。昏，同"婚"。

[2] **工**：精巧、精致。

[3] **斟酌**：认真考虑决定取舍，这里是参考的意思。

[4] **工**：擅长、善于。

[5] **游**：交游、交往。

[6] **振**：显扬。

[7] **导**：引导、推荐。

[8] **行义**：行为道义。

[9] **扬雄**：字子云，蜀郡成都（今四川省成都市）人。西汉末年文学家、思想家。

[10] **吝**：吝惜、吝啬。

[11] **吕公著**：字晦叔，寿州（今安徽省寿县）人。曾任北宋宰相。

参考译文：

曾巩，字子固，建昌郡南丰县人。他幼小时就机智敏锐，如几百字的文章，一读过就能背诵下来。在十二岁时，试作《六论》，提笔就写出来了，而且文辞十分壮美。到二十岁时，已经名闻四方。欧阳修看到他的文章后大为赞赏，对他的才能表示十分惊异。

嘉祐二年（1057 年），曾巩考中进士，调任太平州司法参军，奉召编校史馆书籍，升迁馆阁校勘、集贤校理，做实录检讨官。接着出任越州通判，这个州的官府原来拿酒场的钱预支招募牙人，钱不够，就从乡民中征收，以七年为期；可是期限到了，搞招募的人谋求多得，仍然照旧征收。曾巩查明情况，立刻禁止了这种做法。这一年发生了饥荒，曾巩估计常平仓的粮食不够用来供给，而且种地的农民，不能都到城里来。于是他指示所属各县，劝告本地富人拿出自己储存的谷物来，共有十五万石，将这些谷物比照常平仓的价格稍微提高后卖给百姓。这样，百姓能够方便地就近买到谷物，又不出家乡，粮食又有余。曾巩又让官府借给农民种子，让他们随秋季的赋税一起偿还，使得农事没有耽误。

曾巩担任齐州知州的时候，把根治邪恶、迅速严厉地打击盗贼作为根本。曲堤有个姓周的人家，拥有大量钱财，称霸乡里，他的儿子名高，杀害良民，侮辱妇女，衣服器物超越了身份，他的能力能够影响当地的权贵和豪绅，因此州县的官吏都没有人敢去追究。曾巩逮捕了他，依法处以刑罚，章丘有百姓在乡村里聚众结伙，号称"霸王社"，杀人劫财，劫夺囚徒，没有一件不能如愿的。曾巩调配三十一人，又让百姓组成保伍，让他们侦察盗贼的行踪，有盗贼就击鼓传递消息，相互援助，每次都能将盗贼擒获。有一个名叫葛友的人，名列被追捕者之中，有一天，他到官府自首。曾巩就招待他吃喝，送给他衣帽，借给他车马和随从，还用车子拉着所买的财物跟随着他，让他四处夸耀。盗贼听说了这件事，大多出来自首。曾巩表面上看来是将此事到处张扬，实际上是想要离间分化那些盗贼，让他们不能再纠合在一起。从此，齐州的人们连院门都不用关闭就可以安睡了。

河北路发派百姓疏通黄河，从其他路也征调民力，齐州应当出民夫二万人。各县起初按户籍分派，三个男丁出一役夫，曾巩清理了隐瞒和遗漏的人数，使之达到九人取一，从而节省了好几倍的费用。他又免除了无名渡的渡钱，建造了桥梁，利于往来行人。他还对原来的传舍进行了迁移，将驿路改为从长清到达博州，再通至魏州，共省去六个驿站，人们都觉得十分便利了。

曾巩调任襄州、洪州。适逢江西当年瘟疫大流行，曾巩命令各县镇都储存药物以备需求。士兵和百姓生活困难不能养活自己的，就招来住在官舍，供应给他们饮食衣被等用品，分派医生给他们治病，把他们医治的效果记载下来，以多寡分出成绩的优劣。朝廷的军队征讨安南，所经过的州要准备上万人所需的物资，其他地方的官吏借此机会横征暴敛，百姓难以忍受。曾巩则事先分别处理好了大军突然集结时的吃住问题，因此，军队离开后，城乡的百姓都不知道。曾巩后来加直龙图阁、任福州知州。

　　南剑州将乐地方的盗匪廖恩被赦免后向官府投降，余下的部属溃散以后又纠合在一起，暗地里结成团伙，遍及各个州，一个尤其凶残暴虐的盗匪根本不听招降，当地百姓非常恐惧。曾巩设计谋抓住了他，接着相继出来自首的有二百多人。福州佛寺很多，僧侣认为佛寺的富饶有利可图，争着想做寺院住持，行贿之事公然进行。曾巩让僧徒共同推选住持，将推选的人记录在册，按次序补缺。在官府公开张贴文告，拒绝私下赠谢，来杜绝身边人窃取贿赂的弊端。福州没有职田，官府每年用卖园圃蔬菜来增加薪俸，太守自己收入常常三四十万。曾巩说："太守与民争利，怎么可以？"就停止了这种做法，后来的官员也不再这样获取收入了。

　　曾巩调任明州、亳州、沧州知州。曾巩享有才名，长期任地方官，社会上不少人认为他命运不济、时运不佳。这一时期，朝廷的一批后辈晚生出人头地，曾巩对此看得很淡泊。他经过京城，神宗召见他，犒劳慰问十分宠幸，于是留下他在三班院当判官。他上疏议论经费问题，神宗说："曾巩把节约资财作为理财的关键，世上谈论理财的，没有说到这点的。"神宗因见《三朝国史》《两朝国史》都是各自成书的，想将这两本书合而为一，于是加授曾巩史馆修撰之职，专门来做这件事，不用大臣监督，不久书就修撰成了。刚好遇上实行新的官制，曾巩被任命为中书舍人。当时自三省百官开始，都做了新的调整选拔，任命的诏书每天有十数道之多，诏书对每个人的职事权限等的阐述规定都非常典雅简约而完备。随即曾巩掌管延安郡王上呈皇上的表奏。过去这类事情都属于翰林学士管辖，这时则特别转交他来掌管。几个月以后，曾巩因母丧离职。又过了几个月，曾巩也去世了，终年六十五岁。

曾巩品性孝顺父母，与兄弟友爱，父亲逝世后，侍奉继母更加无微不至，在家境衰败、无所依靠的情况下，抚育了四个弟弟、九个妹妹，他们的读书、出仕和婚嫁，都是他一手出力操办。曾巩写文章引古论今，纵横驰骋，而且越写越精妙。他的写作以"六经"为本，借鉴司马迁、韩愈的文法，当时善于写文章的人，很少能超过他的。他年轻时与王安石交往，这时王安石的声誉还不大，曾巩将他引荐给欧阳修，到了王安石得志后，就对他有了不同的看法。神宗曾经问曾巩："王安石是怎样的人？"曾巩回答说："王安石的文章学问和行为道义，不在扬雄之下，但因为他吝啬的缘故所以比不上扬雄。"皇上说："王安石对富贵看得很轻，怎么说他吝啬呢？"曾巩说："我所说他的吝啬，是说他虽然勇于作为，但吝啬于改正自己的过错啊。"神宗赞同他的这个看法。吕公著曾经告诉过神宗，说曾巩的道德品行不如处理政事的能力，政治能力又不如创作文章的能力，因此曾巩没有得到重用。……

参考文献

[1] 许慎 . 说文解字：附检字 [M]. 徐铉，校定 . 北京：中华书局，1963.

[2] 许慎 . 说文解字注 [M]. 段玉裁，注 . 上海：上海古籍出版社，1988.

[3] 胡奇光，方环海 . 尔雅译注 [M]. 上海：上海古籍出版社，2004.

[4] 王念孙 . 广雅疏证：点校本：上册 [M]. 张其昀，点校 . 北京：中华书局，2019.

[5] 蔡梦麒 . 广韵校释 [M]. 北京：中华书局，2021.

[6] 刘熙 . 释名 [M]. 北京：中华书局，2016.

[7] 中华书局编辑部 . 康熙字典：检索本 [M]. 北京：中华书局，2010.

[8] 王力 . 王力古汉语字典 [M]. 北京：中华书局，2015.

[9] 张双棣 . 古汉语大字典 [M]. 北京：商务印书馆，2023.

[10] 陈年福 . 实用甲骨文字典 [M]. 成都：四川辞书出版社，2019.

[11] 刘钊，冯克坚 . 甲骨文常用字字典 [M]. 北京：中华书局，2019.

[12] 杨伯峻 . 春秋左传注 [M]. 北京：中华书局，2018.

[13] 程树德 . 论语集释 [M]. 北京：中华书局，2014.

[14] 司马迁 . 史记 [M]. 北京：中华书局，2013.

[15] 班固 . 汉书 [M]. 北京：中华书局，2012.

[16] 范晔 . 后汉书 [M]. 北京：中华书局，2012.

[17] 韩愈 . 韩愈文集汇校笺注：第一册 [M]. 刘真伦，岳珍，校注 . 北京：中华书局，2017.

[18] 韩愈 . 韩愈文集汇校笺注：第三册 [M]. 刘真伦，岳珍，校注 . 北京：中华书局，2017.

[19] 柳宗元 . 柳宗元集校注：第一册 [M]. 尹占华，韩文奇，校注 . 北京：

中华书局，2017.

[20]　柳宗元.柳宗元集校注：第四册 [M].尹占华，韩文奇，校注.北京：中华书局，2017.

[21]　欧阳修.欧阳修全集：第一册 [M].李逸安，点校.北京：中华书局，2001.

[22]　欧阳修.欧阳修全集：第五册 [M].李逸安，点校.北京：中华书局，2001.

[23]　欧阳修.新五代史：二 [M].徐无党，注.北京：中华书局，2016.

[24]　王安石.王安石文集：第二册 [M].刘成国，点校.北京：中华书局，2021.

[25]　王安石.王安石文集：第三册 [M].刘成国，点校.北京：中华书局，2021.

[26]　苏洵.嘉祐集笺注 [M].曾枣庄，金成礼，笺注.上海：上海古籍出版社，1993.

[27]　苏轼.苏轼文集：第二册 [M].孔凡礼，点校.北京：中华书局，1986.

[28]　苏辙.栾城集：上 [M].曾枣庄，马德富，校点.上海：上海古籍出版社，2009.

[29]　苏辙.栾城集：中 [M].曾枣庄，马德富，校点.上海：上海古籍出版社，2009.

[30]　曾巩.曾巩集：上册 [M].陈杏珍，晁继周，点校.北京：中华书局，1984.

[31]　曾巩.曾巩集：下册 [M].陈杏珍，晁继周，点校.北京：中华书局，1984.

[32]　房玄龄，等.晋书：四 [M].北京：中华书局，1974.

[33]　房玄龄，等.晋书：八 [M].北京：中华书局，1974.

[34]　脱脱，等.宋史：十八 [M].北京：中华书局，1985.

[35]　脱脱，等.宋史：三九 [M].北京：中华书局，1985.